CB134014

ESPERANÇAS *e* CONSOLAÇÕES

CHRISTIANO TORCHI

ESPERANÇAS e CONSOLAÇÕES

FEB

Copyright © 2019 *by*
FEDERAÇÃO ESPÍRITA BRASILEIRA – FEB

1ª edição – 1ª impressão – 1 mil exemplares – 7/2025

ISBN 978-65-5570-739-7

Todos os direitos reservados. Nenhuma parte desta publicação pode ser reproduzida, armazenada ou transmitida, total ou parcialmente, por quaisquer métodos ou processos, sem autorização do detentor do *copyright*.

FEDERAÇÃO ESPÍRITA BRASILEIRA – FEB
SGAN 603 – Conjunto F – Avenida L2 Norte
70830-106 – Brasília (DF) – Brasil
www.febeditora.com.br
editorial@febnet.org.br
+55 61 2101 6161

MISTO
Papel | Apoiando o manejo florestal responsável
FSC® C112836

Pedidos de livros à FEB
Comercial
Tel.: (61) 2101 6161 – comercial@febnet.org.br

Adquirindo esta obra, você está colaborando com as ações de assistência e promoção social da FEB e com o Movimento Espírita na divulgação do Evangelho de Jesus à luz do Espiritismo.

Dados Internacionais de Catalogação na Publicação (CIP)
(Federação Espírita Brasileira – Biblioteca de Obras Raras)

T676e Torchi, Christiano, 1954–

Esperanças e consolações / Christiano Torchi – 1. ed. – 1. imp. – Brasília: FEB, 2025.

136 p.; 23 cm.

Inclui referências

ISBN 978-65-5570-739-7

1. O Céu e o Inferno - 1865. 2. Imortalidade da alma. 3. Morte e desencarnação. 4. Esperança. 5. Consolação. 6. Educação para a morte. 7. Reencarnação. 8. Justiça divina. 9. Penas e gozos espirituais. 10. Suicídio e suas consequências. 11. Eutanásia à luz do espiritismo. 12. Uniões antipáticas. 13. Progresso Moral. 14. Gratidão e ingratidão. 15. Espiritualidade e sentido da vida. I. Kardec, Allan, 1804-1869. II. Federação Espírita Brasileira. III. Título.

CDD 133.9
CDU 133.7
CDE 10.00.00

DEDICATÓRIA

Dedico este livro:

a meus pais, Pedro e Marciana, *in memoriam*;

à esposa, aos filhos e netos queridos;

aos amados irmãos e sobrinhos;

aos amigos Antônio Cunha Lacerda Leite e Celso Luiz Rodrigues Catônio;

aos amigos Roberto de Lavor Medeiros e João Bosco Medeiros;

aos amigos da redação da revista *Reformador*;

aos parentes e demais amigos de jornada e, em especial,

ao amigo João Sérgio Boschiroli, que me assessorou na revisão da obra.

E, em especial, à amiga Maria Túlia Bertoni, integrante do Conselho Superior da Federação Espírita Brasileira e ex-Presidente da Federação Espírita de Mato Grosso do Sul, que sempre me apoiou, incondicionalmente, nas atividades doutrinárias espíritas.

SUMÁRIO

APRESENTAÇÃO

Em 1º de agosto de 2025, celebram-se 16 décadas do lançamento do livro *O céu e o inferno*, codificado por Allan Kardec. No frontispício da referida obra já é possível antever uma síntese do assunto principal: "A Justiça Divina segundo o Espiritismo", isto é, um "exame comparado das doutrinas sobre a passagem da vida corporal à vida espiritual, sobre as penalidades e recompensas futuras, sobre os anjos e demônios, sobre as penas etc., seguido de numerosos exemplos acerca da situação real da alma durante e depois da morte".

Em face do exposto, nada mais oportuno do que lançar a presente obra, *Esperanças e consolações*, de autoria do confrade Christiano Torchi, por ocasião do 5º Congresso Espírita, a ser realizado, no mesmo mês e ano, pela Federação Espírita de Mato Grosso do Sul (Fems), com o título: "160 anos – O Céu e o Inferno".

A obra ora lançada trata do desdobramento dos ensinos trazidos, pelos Espíritos, no Livro Quarto da primeira obra básica, *O livro dos espíritos,* também codificada por Allan Kardec, denominado "Esperanças e Consolações", que inspirou o título da presente obra.

De forma didática, o autor seguiu a linha dorsal da temática tratada em *O livro dos espíritos*, sem descer aos detalhes contidos na obra específica (*O céu e o inferno*), com o despretensioso objetivo de despertar a reflexão sobre conceitos filosóficos de suma importância para a contemporaneidade, tais como o significado da existência corporal e da morte física, da felicidade, do sofrimento, do suicídio, da eutanásia, da natureza das penas e gozos espirituais e temporais, entre outros temas pertinentes à imortalidade do Espírito.

Tais conceitos, apresentados pelo autor, de forma simples e acessível a qualquer leitor dotado de conhecimentos medianos, explicitam o verdadeiro sentido da existência humana e da sabedoria das Leis Divinas, projetando luz sobre assuntos metafísicos, os quais, não raras vezes, interpretados de forma dogmática e atávica pelos teólogos terrenos, ensinos esses que nem sempre estão de acordo com a lógica e a realidade do dia a dia do ser racional.

Realçando a própria característica de seu estilo inconfundível, nas obras anteriores por ele produzidas (*Espiritismo passo a passo com Kardec* e *As leis morais na atualidade*), também editadas pela FEB – Federação Espírita Brasileira, Torchi não economiza na citação de inúmeras fontes abalizadas da bibliografia espírita, instigando o leitor a aprofundar o conhecimento a partir dessa literatura especializada, o que empresta ainda mais solidez doutrinária à obra, ao tempo em que resgata o frescor dos ensinos de Allan Kardec, dando a impressão que eles foram feitos sob medida para os tempos atuais.

A obra destaca, ainda, a importância, entre os encarnados, da preparação para a morte, que não consiste em um torneio religioso para a conquista do céu, mas sim em um processo educacional com a finalidade de exercitar as potências do Espírito, diante da realidade da vida, por mais difíceis sejam as experiências vividas.

Ou seja, sobressai da obra o que os Espíritos Superiores ensinaram: não há um lugar restrito no Universo destinado às penas e aos gozos dos Espíritos. Em realidade, as penas e os gozos refletem o grau de perfeição do Espírito. Quanto mais atrasado em moralidade, mais sujeito aos sofrimentos. Quanto mais adiantado, mais livre e feliz, de onde se depreende que o Espírito é sempre o árbitro da própria sorte, podendo prolongar os sofrimentos pela pertinácia no mal, ou suavizá-los e anulá-los pela prática do bem, sob os auspícios das reencarnações sucessivas.

É claro, como reconhece o próprio autor, que o assunto é extenso e profundo demais, e que não houve o propósito utópico de esgotá-lo em singela obra, o que não seria possível nem mesmo em uma enciclopédia. No entanto, o livro respiga o que é essencial para se compreender, minimamente, o assunto sob o ponto de vista da Doutrina Espírita.

Em suma, de tudo o que foi dito pelo escritor, transparece que a obra *O céu e o inferno* ampliou o sentido das palavras atribuídas a Jesus, em o *Novo Testamento*, as quais lançam um brado de consolo e esperança à Humanidade sofredora, que agora tem a oportunidade de descobrir, com o Espiritismo, de fato, *quem somos, de onde viemos e para onde vamos*: "Vinde a mim todos vós que estais aflitos e sobrecarregados, que eu vos aliviarei" (*Mateus*, 11:28).

MARIA TÚLIA BERTONI

Integrante do Conselho Superior da FEB
– Federação Espírita Brasileira
Ex-presidente da FEMS – Federação
Espírita de Mato Grosso do Sul

MENSAGEM DE ALLAN KARDEC

Vivemos, pensamos e operamos – eis o que é positivo. E que morremos, não é menos certo. Mas, deixando a Terra, para onde vamos? Que seremos após a morte? Estaremos melhor ou pior? Existiremos ou não? Ser ou não ser, *tal a alternativa. Para sempre ou para nunca mais; ou tudo ou nada: Viveremos eternamente, ou tudo se aniquilará de vez? É uma tese, essa, que se impõe.*

Todo homem experimenta a necessidade de viver, de gozar, de amar e ser feliz. Dizei ao moribundo que ele viverá ainda; que a sua hora é retardada; dizei-lhe sobretudo que será mais feliz do que porventura tenha sido, e o seu coração rejubilará.

De que serviriam essas aspirações de felicidade, se um leve sopro pudesse dissipá-las?

Haverá algo de mais desesperador do que esse pensamento da destruição absoluta? Afeições caras, inteligência, progresso, saber laboriosamente adquiridos, tudo despedaçado, tudo perdido! De nada nos serviria, portanto, qualquer esforço no sofreamento das paixões, de fadiga para nos ilustrarmos, de devotamento à causa do progresso, desde que de tudo isso nada aproveitássemos, predominando o pensamento de que amanhã mesmo, talvez, de nada nos serviria tudo isso. Se assim fora, a sorte do homem seria cem vezes pior que a do bruto, porque este vive inteiramente do presente na satisfação dos seus apetites materiais, sem aspiração para o futuro. Diz-nos uma secreta intuição, porém, que isso não é possível.[1]

[1] Trecho extraído do it. 1, do capítulo I, da primeira parte, do livro *O céu e o inferno*.

INTRODUÇÃO

> A educação para a morte não é nenhuma forma de preparação religiosa para a conquista do Céu. É um processo educacional que tende a ajustar os educandos à realidade da Vida, que não consiste apenas no viver, mas também no existir e no transcender.[2]

A imortalidade é um dos princípios mais importantes do Espiritismo. Muitos poderiam dizer que as outras religiões também pregam a imortalidade. Então, onde estaria o diferencial ou a novidade?

Com o Espiritismo, a imortalidade deixou de ser um simples artigo de fé, porquanto ela foi demonstrada, na prática, por meio da comunicação segura com o mundo invisível, que tem em *O livro dos médiuns* um guia seguro e confiável.

Agora são os próprios Espíritos que vêm, pela mediunidade, trazer o testemunho da sobrevivência da alma: *ninguém morre, a morte não existe!*

Há notícia mais alvissareira e consoladora do que essa?

É realmente gratificante a constatação da sobrevivência ou imortalidade da alma. Penetrar esses conhecimentos, adquirir essa convicção, eleva a nossa condição de Espíritos, o que

[2] PIRES, J. Herculano. *Educação para a morte*. cap. *Conceito atual da morte*, p. 23.

nos faz sentir herdeiros do Criador e nos dá mais forças para vencer as dificuldades diárias, permitindo que valorizemos ainda mais a vida.

Todavia, passar para o outro lado ainda não resolve as questões fundamentais da vida. Do outro lado, não encontraremos nem um céu beatífico monótono nem um inferno condenatório de chamas eternas. Há solução para tudo e para todos, mas é preciso viver bem para morrer bem:

> Cerrar os olhos carnais constitui operação demasiadamente simples.
> Permutar a roupagem física não decide o problema fundamental da iluminação, como a troca de vestidos nada tem que ver com as soluções profundas do destino e do ser.[3]

A literatura espírita, além de altamente consoladora, é também pródiga em nos trazer inúmeras informações sobre as experiências dos Espíritos no Além-Túmulo, o que nos serve de roteiro e advertência enquanto inquilinos do corpo físico.

Alguns clamam contra as injustiças do mundo, esquecidos de que a Justiça Divina nunca tarda, porque ela está na consciência de cada um; de que somos os artífices do próprio futuro, e que não faz sentido culpar o outro pelas nossas desditas, mas

---

[3] LUIZ, André (Espírito). *Nosso Lar*. Psicografado por Francisco C. Xavier. Mensagem de André Luiz, p. 11.

faz sentido reconhecer que a felicidade é o prêmio do mérito colhido do esforço de cada um na construção de si mesmo.

Nesse aspecto, outra obra básica – *O céu e o inferno* – também codificada por Allan Kardec, que, em 1º de agosto de 2025, completará 160 anos, soma-se às obras anteriormente codificadas como precioso repositório de ensinamentos libertadores.

É realmente esperançoso e consolador descobrir que a sobrevivência à morte física é uma realidade comprovada pela ciência espírita e que a vida no corpo físico, com o seu cortejo de provações, em sua efemeridade, em sua finitude, viabilizada pela reencarnação, tem nobre finalidade: a de nos conduzir a etapas de ascensão a planos superiores.

Os capítulos que se seguem, inspirados na última parte de *O livro dos espíritos*, são um brado de esperança aos que sofrem, para que não esqueçam a voz misericordiosa do Mestre constantemente a nos dizer: "Vinde a mim todos vós que estais aflitos e sobrecarregados, que eu vos aliviarei" (*Mateus*, 11:28).

Reprisando o benfeitor espiritual Emmanuel, entrego estas páginas aos leitores amigos sem a presunção de inovar as diretrizes espíritas, e sim com o propósito sincero de reafirmar-lhes os conceitos,

> [...] na certeza de que outros companheiros comparecerão no serviço interpretativo da palavra libertadora de Allan Kardec, suprindo-nos as deficiências no trato do assunto, com mais amplos recursos, em louvor da verdade, para a nossa própria edificação.[4]

[4] EMMANUEL (Espírito). *Justiça divina*. Psicografado por Francisco C. Xavier. Prefácio.

1

EM BUSCA DA FELICIDADE

No opúsculo *Fugindo da prisão*, o escritor espírita Richard Simonetti narra a comovente história dos cabos Miller e Moore, que teria ocorrido durante a Segunda Guerra Mundial. Em 1942, quando Cingapura caiu em poder dos japoneses, os referidos militares foram capturados pelos inimigos e mantidos, por cerca de três anos, em regime de trabalhos forçados, em um acampamento, no interior da Tailândia, às margens do rio Kwai, juntamente com cerca de três mil prisioneiros escoceses. Tão severas eram as condições do local, que ficou conhecido como "Os Campos do Inferno".

Graças à atitude cristã, Miller e Moore foram os responsáveis pela manutenção da dignidade e da sobrevivência da maioria dos companheiros de infortúnio, que sofriam todo tipo de torturas, inclusive fome, frio, calor e doenças. A eles incumbia fomentar no grupo o perdão aos algozes e implantar uma rede de assistência mútua, em que os mais fortes deveriam socorrer os mais debilitados, ao embalo de um poema, recitado durante as preces: "Procurei a minha alma e não a encontrei... Procurei o Senhor meu Deus e não o vi... Procurei o meu irmão e encontrei os três".[5] Terminada a guerra, a maior felicidade dos prisioneiros não era a liberdade conquistada, mas a sensação de haver encontrado um sentido para as suas vidas, que lhes marcou indelevelmente os Espíritos.

A vida humana é uma constante busca da felicidade. Mas onde e como encontrá-la? Geralmente a colocamos nas coisas materiais, que tocam os sentidos; no bem-estar físico, isto é, no ter, e não no ser. Mesmo quando aspiramos a coisas intangíveis que dizem respeito aos sentimentos, aos relacionamentos pessoais, nossos desejos egoísticos constituem obstáculos à busca da felicidade. É quando o predomínio da nossa natureza corpórea ou animal tolda-nos a visão, impedindo de vermos que a felicidade está mais próxima do que supomos.

A Humanidade não pode, ainda, gozar de felicidade plena, enquanto estiver no estágio de provas e expiações. Isso, porém, não a impede de amenizar os próprios males e ser tão feliz quanto possível. Não sem razão os benfeitores espirituais alertam que "a felicidade não é deste mundo", ressalvando, porém, que a Terra não está destinada a ser, para sempre, uma "penitenciária",[6] haja vista a lei do progresso, que nos permite a superação das etapas de desenvolvimento intelecto-moral, que se processam de forma lenta, gradual, mas irreversível, prenunciando a era da sonhada regeneração, em que o orbe se transformará em morada definitiva do bem e de Espíritos bons:

---

[5] SIMONETTI, Richard. *Fugindo da prisão.* cap. *Os campos do inferno,* p. 83.

[6] KARDEC, Allan. *O evangelho segundo o espiritismo.* cap. 5, it. 20.

> 18. O progresso intelectual realizado até o presente, nas mais largas proporções, constitui um grande passo e marca uma primeira fase no avanço geral da Humanidade; impotente, porém, ele é, para regenerá-la. Enquanto o orgulho e o egoísmo o dominarem, o homem se servirá da sua inteligência e dos seus conhecimentos para satisfazer às suas paixões e aos seus interesses pessoais, razão por que os aplica em aperfeiçoar os meios de prejudicar os seus semelhantes e de os destruir.
>
> 19. Somente o progresso moral pode assegurar aos homens a felicidade na Terra, refreando as paixões más; somente esse progresso pode fazer que entre os homens reinem a concórdia, a paz, a fraternidade.[7]

Indagados por Kardec se haveria uma medida comum de felicidade para todos os homens, os benfeitores deram esta resposta magistral: "Para a vida material, é a posse do necessário; para a vida moral, a consciência tranquila e a fé no futuro."[8]

Mas, por que, ainda assim, a criatura humana alimenta a frustração por não possuir esses e outros bens, aumentando

[7] KARDEC, Allan. *A gênese*. cap. 18, its. 18 e 19.

[8] *Id. O livro dos espíritos*. q. 922.

os desejos "na proporção daqueles que são satisfeitos"?[9] É que o homem, conduzindo-se pelos vícios, desrespeita os limites que a Natureza lhe traçou, surgindo daí necessidades que não são reais.

Quantas criaturas estão, neste momento, sentindo fome e frio, muitas sem um abrigo onde possam repousar o corpo dolorido e cansado depois de um dia estafante. Quantas outras experimentam o sofrimento do abandono e da doença num leito de hospital, ou ainda a dor da separação de um ente querido, seja pela morte física, seja pelo desfazimento dos laços conjugais, entre tantas outras tragédias morais que se abatem sobre todos os lares, desde a choupana até o palácio.

Diante desse quadro, nunca é demais ouvir o conselho dos Espíritos Amigos:

> O homem vive incessantemente em busca da felicidade, que lhe escapa a todo instante, porque a felicidade sem mescla não existe na Terra. Entretanto, apesar das vicissitudes que formam o cortejo inevitável da vida terrena, poderia ele, pelo menos, gozar de relativa felicidade, se não a procurasse nas coisas perecíveis e sujeitas às mesmas vicissitudes, isto é, nos gozos materiais, em vez de procurá-la nos prazeres da alma, que são um gozo antecipado das alegrias celestes,

---

[9] KARDEC, Allan. *Revista Espírita:* jornal de estudos psicológicos. março de 1860, Ditados espontâneos. Artigo: *Felicidade*, p. 153.

> imperecíveis; em vez de procurar a *paz do coração*, única felicidade real neste mundo, ele se mostra ávido de tudo que o possa agitar e perturbar e, coisa curiosa! o homem parece criar para si, propositadamente, tormentos que está nas suas mãos evitar.[10]

Toda vez que experimentarmos a agrura da infelicidade, olhemos para a criatura menos afortunada, que necessita de nossa compreensão e de nosso amparo. Tomemos como exemplo de conduta o nosso irmão menos feliz que sofre resignado, embora não conformado, porque busca solução para o seu problema, encontrando consolação na própria consciência, que lhe fornece uma visão diferente da vida, cônscio de que, para superar-se e superar os reveses, é necessário agir no bem.

Os Espíritos Superiores ensinam que a influência dos maus geralmente sobrepuja a dos bons por fraqueza destes: "Os maus são intrigantes e audaciosos; os bons são tímidos. Quando estes o quiserem, haverão de preponderar".[11] A coragem e a audácia dos maus a serem sobrepujadas pelos bons, de que falam os Espíritos, não é a da rebeldia e da violência, mas a da fortaleza moral de que o Cristo nos deu exemplo em sua missão terrena.

---

[10] KARDEC, Allan. *O evangelho segundo o espiritismo*. cap. 5, it. 23.

[11] *Id. O livro dos espíritos*. q. 932.

O homem é, quase sempre, o artífice de seus sofrimentos materiais e morais, sobretudo destes últimos, pois todas as paixões, tais como o orgulho ferido, a ambição frustrada, a ansiedade da avareza, a inveja, o ciúme, constituem torturas da alma, suplícios voluntários que cria para si mesmo.

Resumindo, geralmente a infelicidade do homem resulta da importância exagerada que ele dá às coisas deste mundo:

> [...] Se ele se colocar acima do círculo acanhado da vida material, se elevar seus pensamentos para o infinito, que é seu destino, as vicissitudes da Humanidade lhe parecerão mesquinhas e pueris, como a tristeza da criança que se aflige pela perda de um brinquedo, que constituía a sua felicidade suprema.[12]

Contudo, ao lado do sofrimento, Deus colocou a consolação e a esperança. O Espiritismo está nesse rol, porque, demonstrando a imortalidade e a lei do progresso, dá ao homem a certeza de um futuro melhor e do verdadeiro sentido da existência.

Portanto, a felicidade dos Espíritos é proporcional à sua elevação intelecto-moral. É um estado d'alma que resulta da compreensão das Leis Divinas e do autoconhecimento. O homem passa a vida procurando a felicidade, sem saber que ela mora dentro de si. Esse panorama somente mudará quando

---

[12] KARDEC, Allan. *O livro dos espíritos*. q. 933.

o ser humano se descobrir como o dono de seu próprio destino e agir no sentido de administrar a sua vida, procurando libertar-se da influência da matéria e das paixões que o retêm nas faixas do instinto, em que se prioriza a satisfação fugaz de todos os seus desejos.

Enfim, a felicidade é uma condição interna do indivíduo. Mesmo se insistirmos em procurá-la fora de nós, como se ela dependesse de outros, procedamos para com esses irmãos como desejaríamos que eles procedessem para conosco: *eis o caminho da felicidade,* pois toda vez que buscarmos o bem de nosso próximo, encontraremos o nosso próprio, como no poema da história dos prisioneiros, que poderíamos adaptar a estas reflexões deste modo: "Procurei a felicidade e não a senti... Procurei um sentido para a vida e não o achei... Procurei o meu semelhante e encontrei os três".

2

ANTE A DOR DA MORTE

Por que razão a morte, sendo um fenômeno tão natural, que ocorre com frequência, causa tanto impacto em nossas vidas, sobretudo quando ela ceifa a vida de nossos entes queridos, sejam eles familiares ou amigos?

Se meditarmos seriamente sobre esta questão, certamente chegaremos à conclusão de que o modo como enfrentamos a morte tem muito a ver com a maneira pela qual vivemos.

Habitando em um mundo de provas e expiações e encarnados em um corpo ainda denso, vivemos intensamente a vida animal, esquecidos de que somos Espíritos encarnados de passagem pela Terra. Em consequência disso, apegamo-nos demasiadamente às ilusões terrenas que a vida na matéria nos proporciona.

Esmagadora maioria dos habitantes de nosso planeta tem severas dificuldades para lidar com a morte por desconhecer ou desprezar a própria natureza espiritual. *Quem sou, de onde vim, o que estou fazendo aqui e para onde vou?*

Há religiões que, muito embora se preocupem com o futuro espiritual das almas, apresentam aos seus seguidores uma visão bem superficial, quando não distorcida, sobre o que nos espera depois da morte. Prometem um céu beatífico para aqueles que cumprirem ritos de cultos externos, ou um inferno ardente para aqueles que não se comportarem de acordo com determinados dogmas teológicos.

A ciência médica, por seu lado, enclausurada em preceitos materialistas da Academia, apesar de ter a sublime missão de cuidar da saúde e salvar vidas, também não consegue oferecer aos pacientes preparação psicológica à altura desse grave momento de cada um, pelo fato de desconhecer e até negar a realidade espiritual, concentrando no corpo perecível todas as aspirações de cura e bem-estar, panorama que, felizmente, vai aos poucos mudando, com o trabalho pioneiro e corajoso das Associações Médico-Espíritas e de outras organizações e cientistas independentes, no Brasil e exterior.

Em boa hora, a Doutrina Espírita veio em socorro da Humanidade, demonstrando por provas irrecusáveis que não somos um aglomerado de células; que a vida continua e tem um propósito sagrado para todas as criaturas, independentemente de sua condição econômico-social e de suas crenças.

São os próprios seres que partiram que, por intermédio da mediunidade, vêm trazer seu testemunho de saudade, amor ou ódio, a nos advertir constantemente de que a vida prossegue, de que vale a pena fazer o bem, viver dignamente, e que não há motivo para desespero, pois a morte é apenas uma mudança de estado, não é um adeus, mas sim um até breve.

E por que razão, mesmo quando somos iniciados no conhecimento da imortalidade, as nossas dificuldades são imensas para aceitar a dor da separação daqueles a quem amamos? Há várias causas para isso, que poderíamos denominar de *imaturidade do senso espiritual,* pelo fato de que nossa conduta nem sempre está de acordo com aquilo que pensamos e sabemos sobre os princípios espíritas:

> 21. Quando a morte ceifa nas vossas famílias, arrebatando, sem restrições, os mais jovens antes dos velhos, costumais dizer: Deus não é justo, pois sacrifica o que está forte e tem grande futuro e conserva os que já viveram longos anos cheios de decepções; pois leva os que são úteis e deixa os que já não servem para nada; pois despedaça o coração de uma mãe, privando-a da inocente criatura que era toda sua alegria.
>
> Humanos, é nesse ponto que precisais elevar-vos acima do terra a terra da vida, a fim de compreenderdes que o bem, muitas vezes, está onde julgais ver o mal, e a sábia previdência onde acreditais ver a cega fatalidade do destino. Por que medir a Justiça Divina pela medida da vossa? Podeis supor que o Senhor dos mundos queira, por simples capricho, infligir-vos penas cruéis? Nada se faz sem um fim inteligente e, seja o que for que aconteça, tudo tem a sua razão de ser. Se perscrutásseis melhor todas as dores que vos atingem, nelas encontraríeis sempre a razão divina, razão regeneradora, e os vossos

> miseráveis interesses mereceriam uma consideração tão secundária, que os relegaríeis para o último plano.[13]

O fato, porém, de acreditarmos na sobrevivência do ser amado não significa que devamos reprimir o choro natural de saudade daquele que partiu, ou que devamos ocultar o sentimento puro que nos une no amor sem jaça. O que não convém é nos comprazermos no luto, alimentando uma tristeza mórbida que em nada ajuda o ser que desapareceu de nossas vistas, conduta que se equipara a um mudo sentimento de rebeldia às Leis do Criador:

> O Espírito é sensível à lembrança e às saudades daqueles que amou na Terra, mas uma *dor incessante e fora de propósito* o afeta penosamente, porque ele vê, nessa dor excessiva, *falta de fé no futuro e de confiança em Deus* e, por conseguinte, um obstáculo ao progresso e talvez ao reencontro com os que ficaram. (Grifo nosso)
>
> Estando o Espírito mais feliz no plano espiritual do que na Terra, lamentar que ele tenha deixado a vida corpórea é deplorar que seja feliz. Imaginemos dois amigos que se achem presos na mesma cela. Ambos devem alcançar um dia a liberdade, mas um a obtém antes do outro.

[13] KARDEC, Allan. *O evangelho segundo o espiritismo*. cap. 5, it. 21.

> Seria caridoso que aquele que continua preso se entristecesse porque seu amigo foi libertado primeiro? Não haveria, de sua parte, mais egoísmo do que afeição em querer que o outro partilhasse do seu cativeiro e do seu sofrer tanto tempo quanto ele? Dá-se o mesmo com dois seres que se amam na Terra. O que parte antes é o primeiro que se liberta e devemos felicitá-lo por isso, aguardando com paciência o momento em que também seremos libertados.[14]

Merece ser relembrada, a título de reflexão, antiga lenda árabe, já conhecida de muitos, encontrada no *site* "Perdas de entes queridos"[15], que ilustra bem o comportamento ideal ante a dor da morte:

> Narra antiga lenda árabe que um rabino, religioso dedicado, vivia muito feliz com sua família, esposa admirável, e dois filhos queridos.
>
> Certa vez, por imperativos da religião, o rabino empreendeu longa viagem ausentando-se do lar por vários dias.
>
> No período em que estava ausente, um grave acidente provocou a morte dos dois filhos amados.

---

[14] KARDEC, Allan. *O livro dos espíritos*. q. 936.

[15] SIMONETTI, Richard. *Quem tem medo da morte?* cap. *Joias devolvidas*. Também disponível com o título *As duas joias,* em https://leiturasespirituais.com.br/para-refletir/as-duas-joias/. Acesso em : 29 dez. 2015.

A mãe sentiu o coração dilacerado de dor.

No entanto, por ser uma mulher forte, sustentada pela fé e pela confiança em Deus, suportou o choque com bravura.

Mas uma preocupação lhe vinha à mente: como dar ao esposo a triste notícia.

Sabendo-o portador de insuficiência cardíaca, temia que não suportasse tamanha comoção.

Lembrou-se de fazer uma prece.

Rogou a Deus auxílio para resolver a difícil questão.

Alguns dias depois, num final de tarde, o rabino retornou ao lar.

Abraçou longamente a esposa e perguntou pelos filhos...

Ela pediu para que não se preocupasse. Que tomasse o seu banho, e logo depois ela lhe falaria dos moços.

Alguns minutos depois, estavam ambos sentados à mesa. Ela lhe perguntou sobre a viagem, e logo ele perguntou novamente pelos filhos.

A esposa, numa atitude um tanto embaraçada, respondeu ao marido:

– Deixe os filhos. Primeiro quero que me ajude a resolver um problema que considero grave.

O marido, já um pouco preocupado, perguntou:

– O que aconteceu? Notei você abatida! Fale! Resolveremos juntos, com a ajuda de Deus.

– Enquanto você esteve ausente, um amigo nosso visitou-me e deixou duas joias de valor incalculável, para que as guardasse. São joias muito preciosas! Jamais vi algo tão belo! O problema é esse! Ele vem buscá-las e eu não estou disposta a devolvê-las, pois já me afeiçoei a elas. O que você me diz?

– Ora, mulher! Não estou entendendo o seu comportamento! Você nunca cultivou vaidades!... Por que isso agora?

– É que nunca havia visto joias assim! São maravilhosas!

– Podem até ser, mas não lhe pertencem! Terá que devolvê-las.

– Mas eu não consigo aceitar a ideia de perdê-las!

E o rabino respondeu com firmeza:

– Ninguém perde o que não possui. Retê-las equivaleria a roubo! Vamos devolvê-las, eu a ajudarei. Faremos isso juntos, hoje mesmo.

– Pois bem, meu querido, seja feita a sua vontade. O tesouro será devolvido. Na verdade isso já foi feito. As joias preciosas eram nossos filhos.

> Deus os confiou à nossa guarda, e durante a sua viagem veio buscá-los. Eles se foram...

Se a vida continua após a morte; se a transitoriedade da vida na matéria tem a elevada finalidade de nos proporcionar a ascensão evolutiva, de oferecer ensejo a resgatarmos nossos equívocos do passado, não faz sentido que negligenciemos a nossa conduta espiritual e comportemo-nos de forma incompatível com os ensinos espíritas ante os desafios de viver em um mundo de provas e expiações, sobretudo quando a dor da separação dos entes queridos visita-nos inesperadamente.

3

ENTRE A GRATIDÃO E A INGRATIDÃO

As regras de etiqueta social ditam normas que a pessoa deve seguir, no caso de ser beneficiada com algum obséquio ou favor. A retribuição e a gentileza fazem parte do conjunto de preceitos dessa cartilha de bons modos.

A gratidão, porém, é uma virtude moral que transcende a simples retribuição por bons modos expressos em regras de conduta social que dão o verniz da civilização. Já a ingratidão, antípoda da primeira, é uma doença da alma que denota o atraso moral em que nos encontramos. Filha do egoísmo, é causa de muitas frustrações e decepções para os corações humanos.

Os Espíritos Superiores recomendam que ante a ingratidão conservemos o equilíbrio, pois o ingrato é um enfermo digno de piedade a testar-nos a abnegação e a perseverança na prática do bem.

Na vida social, todos somos devedores uns dos outros, seja nos pequenos como nos grandes lances da existência, em que precisamos do socorro alheio. Acima de tudo, somos devedores do Criador, que nos cobre de bênçãos diárias, às quais não damos valor, pois as consideramos triviais em nossas vidas, como o corpo que envergamos – essa maravilhosa máquina – o ar, a água, o alimento, a afeição dos entes queridos etc.

Por mais que expressemos gratidão a Deus, jamais conseguiremos retribuir, à altura, a infinitude das dádivas recebidas, a começar pela própria existência. Isso, porém, não deve constituir obstáculo para continuarmos a expressar gratidão em todas as circunstâncias da vida, sejam elas boas ou más. Essa gratidão consiste não apenas em louvar, mas sobretudo em servir a Deus.

E como podemos servi-lo?

> Saiba compreender o que significa servir a Deus. Deus, a Onipotência Absoluta e Infinita, de nada precisa.
>
> Entretanto, quer ser servido, mas indiretamente, através de suas manifestações, que são as criaturas, animadas ou inanimadas.
>
> Todas as vezes que servimos a um semelhante, a um animal, a uma planta, estamos servindo a Deus, porque Deus se manifesta ao homem através do próprio homem.[16]

Aquele que reconhece o bem recebido de outrem demonstra, ao contrário do ingrato, humildade e bondade de coração.

---

[16] PASTORINO, Carlos T. *Minutos de sabedoria*.

Toda vez que, sinceramente, agradecemos um benefício prestado por alguém, crescemos em virtude.

A gratidão pode ser expressa por uma simples prece, que repercutirá em prol do benfeitor e de nós próprios:

> [...] Nesse sentido, as preces ou mesmo apenas as vibrações de alegria e reconhecimento de todas as criaturas encarnadas ou desencarnadas, beneficiadas pelos requeredores, funcionam à guisa de abonos e cauções de significado muito importante para cada um, tanto ali quanto em qualquer lugar.[17]

Quando fazemos o bem, quase sempre estamos semeando para o futuro, cujos frutos aparecerão em momentos oportunos. As pessoas mais endurecidas, embora muitas vezes a princípio não demonstrem, são impactadas pelo exemplo daquele que pratica o bem. Não raro, quando desencarnam, a lembrança do bem que lhes fizeram vem à tona, contribuindo para o seu despertamento espiritual. Portanto, um benefício nunca é praticado em vão.

Um exemplo dessa afirmação encontramos no capítulo 14, do livro *Nosso Lar*, em que o Ministro Clarêncio, ao ser procurado por André Luiz, que postulava trabalho na colônia, informou a esse que, graças ao bem feito por ele em favor

---

[17] LUIZ, André (Espírito). *Sexo e destino*. Psicografado por Francisco C. Xavier e Waldo Vieira. Parte 2, cap. 10, p. 363.

do próximo, na Terra, quando médico, ainda que de forma displicente, estava sendo beneficiado, no Mundo Espiritual, com as preces dos Espíritos agradecidos pelas dádivas recebidas.

A revolta contra a ingratidão evidencia que o benfeitor procura, na Terra, a recompensa pelos seus atos, demonstrando, com isso, egoísmo e orgulho. Portanto, ao fazer o bem, não devemos esperar receber nada em troca:

> Deveis sempre ajudar os fracos, embora sabendo de antemão que aqueles a quem fizerdes o bem não vos agradecerão por isso. Ficai certos de que, se a pessoa a quem prestais um serviço o esquece, Deus o levará mais em conta do que se o beneficiado vos houvesse pago com a sua gratidão. *Deus permite que às vezes sejais pagos com a ingratidão, para experimentar a vossa perseverança em praticar o bem.*[18]

Se alguém retribui com ingratidão o bem que lhe fizemos, lembremo-nos de que é sempre melhor receber do que exercê-la em relação ao próximo:

> Bendize, assim, os ingratos e ora por eles, porquanto estão em piores condições do que supões, e, se puderes, ajuda-os mais, pois a felicidade é sempre maior naquele que cultiva o amor e a

[18] KARDEC, Allan. *O evangelho segundo o espiritismo*. cap. 13, it. 19, p. 281-282.

> misericórdia, jamais em quem recebe e esquece, beneficia-se e despreza o benfeitor.[19]

A ingratidão dos filhos para com os pais é a que apresenta o caráter mais deprimente e fere mais o coração. Contudo, nada acontece por acaso. Em grande parte das vezes, os inimigos de outrora foram reunidos pelos laços reencarnatórios pela Lei de Causa e Efeito, para que resgatem no amor e no perdão os débitos do passado.

Enfim, a revolta contra a ingratidão equipara-se a um gesto de vingança contra quem ainda desconhece os segredos do amor que nasce da caridade legítima.

Por tudo isso, é preciso aprender a ser grato, já que nem todos têm essa facilidade. Muitos ocultam tais sentimentos, com receio de expor a própria fragilidade, ou acham que o benefício recebido não é tão importante que mereça reconhecimento. Entretanto, "todas as concessões do Pai Celeste são preciosas no campo de nossa vida".[20]

Não é apenas por meio de coisas materiais que podemos ser gratos a outrem. Ante as Leis Divinas, a fidelidade, a afeição e o respeito por quem nos beneficiou têm imenso valor.

---

[19] ÂNGELIS, Joanna de (Espírito). *Leis morais da vida*. Psicografado por Divaldo P. Franco. cap. 48, p. 179.

[20] EMMANUEL (Espírito). *Fonte viva*. Psicografado por Francisco C. Xavier. cap. 155, p. 352.

São infinitos os modos de expressar a gratidão, e os mais valiosos são aqueles que brotam dos sentimentos puros da alma.

Embora a ingratidão seja uma fonte de amargura para o benfeitor, esse deve lastimar o ingrato, o qual um dia colherá, na dor, o arrependimento pela sua atitude impensada. Aprenderá pelo sofrimento o que é a insensibilidade do coração:

> [...] Lembrai-vos de que o próprio Jesus foi injuriado e desprezado neste mundo, e não vos admireis de que o mesmo aconteça convosco. Que o bem que houverdes feito seja a vossa recompensa na Terra e não vos importeis com o que dizem os que receberam os vossos benefícios. A ingratidão é uma prova para a vossa perseverança na prática do bem; ser-vos-á levada em conta, e aqueles que vos desprezaram serão tanto mais punidos, quanto maior lhes tenha sido a ingratidão.[21]

A gratidão é um dos caminhos que nos levam a Deus, ainda que não sejamos religiosos. Entre a gratidão e a ingratidão, fiquemos com a primeira, que é aquela que nos garante a paz, a harmonia e a afeição dos companheiros de jornada evolutiva.

---

[21] KARDEC, Allan. *O livro dos espíritos*. q. 937.

4

UNIÕES ANTIPÁTICAS

> Uma vez que os Espíritos simpáticos são levados a unir-se, como é que, entre os encarnados, muitas vezes a afeição existe apenas de um dos lados e o amor mais sincero seja acolhido com indiferença e até com repulsa? Como é, além disso, que a mais viva afeição entre dois seres pode transformar-se em antipatia e mesmo em ódio?[22]

Com essa questão, Allan Kardec inicia o tópico "Uniões antipáticas", tratado nas questões 939 a 940a de *O livro dos espíritos*, Livro Quarto – Esperanças e Consolações, exclusivamente sob o prisma do amor entre homem e mulher, contudo, o tema é bem mais abrangente, tanto que também foi abordado sob outros ângulos na Livro Segundo – Mundo Espiritual ou dos Espíritos, da mesma obra básica, com os títulos "Relações de simpatia e de antipatia entre os Espíritos. Metades eternas" (questões 291 a 303a) e "Simpatias e antipatias terrenas" (questões 386 a 391).

Em se tratando das relações conjugais, há pessoas que amam sem ser amadas, o que lhes pode trazer grande

[22] KARDEC, Allan. *O livro dos espíritos*. q. 939.

sofrimento. E por que exatamente isso ocorre? Este é um assunto importantíssimo, porque diz respeito ao relacionamento interpessoal, que começa na família e reflete-se em todos os demais setores da Humanidade. O progresso, a construção e o funcionamento de uma sociedade justa e feliz depende, essencialmente, da união e do entendimento entre as pessoas, sendo o lar um ótimo campo de exercício desse amor fraternal.

Jesus legou-nos o ensinamento de que não há como amar a Deus sem amar ao próximo. O Espiritismo, corroborando este ensinamento, afirma que os laços da fraternidade constroem-se pela prática da caridade.

Mas, afinal, qual o significado da palavra "antipatia"? Para entender melhor a antipatia, convém iniciar estudando o seu antônimo, a "simpatia", cuja definição, de acordo com o dicionário, é semelhante ao conceito espírita: "afinidade moral, similitude no sentir e no pensar que aproxima duas ou mais pessoas".[23]

A antipatia, portanto, é o oposto da simpatia, podendo ser resumida, também no sentido trivial, como a aversão espontânea ou gratuita por alguém ou algo, malquerença, repulsão, conhecida popularmente, quando se trata de relacionamento entre os casais, de "incompatibilidade de gênios".

Antes de aprofundar esta questão, é preciso recordar, ainda que brevemente, a *lei das afinidades* estudada pelo

[23] *Dicionário eletrônico Houaiss da Língua Portuguesa*, versão 3.0.

Espiritismo. A afinidade é o laço de simpatia que une os seres vivos entre si. É pela afinidade que se formam os grupos de amigos em ambos os planos da vida:

> A simpatia ou a antipatia *têm as suas raízes profundas no Espírito*, na sutilíssima entrosagem dos fluidos peculiares a cada um e, quase sempre, de modo geral, atestam uma renovação de sensações experimentadas pela criatura, desde o pretérito delituoso, em iguais circunstâncias.
>
> Devemos, porém, considerar que toda antipatia, aparentemente a mais justa, deve morrer para dar lugar à simpatia que edifica o coração para o trabalho construtivo e legítimo da fraternidade.[24]

Encampando a proposta do benfeitor espiritual Emmanuel, acima reproduzida, perguntamo-nos: *Como transformar a antipatia em simpatia, sobretudo no relacionamento a dois?* Para chegar a uma resposta, é preciso entender que, em muitos casos, a atração ou repulsão existente entre os Espíritos explica-se pela reencarnação, em que dois seres reencontram-se, desatando os nós dos sentimentos adormecidos no imo do ser.

Todavia, nem sempre a simpatia ou a antipatia que nutrem um pelo outro têm por princípio um conhecimento anterior entre eles:

---

[24] EMMANUEL (Espírito). *O consolador*. Psicografado por Francisco C. Xavier. q. 173.

> Entre os seres pensantes há ligações que ainda não conheceis. O magnetismo é o piloto dessa ciência, que mais tarde compreendereis melhor.[25]

Não sem razão, *Léon Denis assevera que* "a lei das atrações e correspondências rege todas as coisas [...]"[26], donde se conclui que a afinidade pode ser de natureza moral ou fluídica, o que remete a outra questão da primeira obra básica:

> Há duas espécies de afeição: a do corpo e a da alma, tomando-se muitas vezes uma pela outra. A afeição da alma, quando pura e simpática, é durável; a do corpo é perecível. Eis por que, com muita frequência, os que julgavam amar-se eternamente acabam por odiar-se, desde que a ilusão se desfaça.[27]

A circunstância de duas pessoas não se simpatizarem, por exemplo, de não se entrosarem nos gostos e preferências, não significa que elas sejam más. Este é um aspecto interessante da relação entre o casal, que nem sempre é levado em conta:

> Dois Espíritos não são necessariamente maus por não simpatizarem um com o outro. A antipatia pode resultar da diversidade no modo de

---

[25] KARDEC, Allan. *O livro dos espíritos.* q. 388.

[26] BORGES, A. Merci Spada. *Doutrina espírita no tempo e no espaço:* 800 verbetes especializados. Verbete sintonia, p. 333.

[27] KARDEC, Allan. *O livro dos espíritos.* q. 939.

> pensar. *Mas, à medida que se forem elevando, as diferenças se apagam e a antipatia desaparece.*[28] (Grifo nosso)

Paradoxalmente, as diferenças existentes entre os pares, na convivência conjugal, servem mais para unir do que para separá-los. Tudo depende de como se comportam diante das inumeráveis situações da vida, que apresentam grandes oportunidades de aprendizado, de exercício da tolerância e do combate ao egoísmo, que desperta a centelha do fogo sagrado do amor que dormita no coração de todos.[29]

Nas lições do Espiritismo, sobre o combate ao egoísmo, está a chave para fazer morrer a antipatia, que dá lugar à simpatia:

> O egoísmo, esta chaga da Humanidade, tem que desaparecer da Terra, porque impede o seu progresso moral. É ao Espiritismo que está reservada a tarefa de fazê-la elevar-se na hierarquia dos mundos. O egoísmo é, pois, o alvo para o qual todos os verdadeiros crentes devem apontar suas armas, sua força, sua coragem. Digo: coragem, porque é preciso mais coragem para vencer a si mesmo do que para vencer os outros. Que cada um, portanto, empregue todos os esforços

---

[28] KARDEC, Allan. *O livro dos espíritos.* q. 390.

[29] *Id. O evangelho segundo o espiritismo.* cap. 11, it. 9.

> a combatê-lo em si, certo de que esse monstro devorador de todas as inteligências, esse filho do orgulho, é a fonte de todas as misérias terrenas. É a negação da caridade e, por conseguinte, o maior obstáculo à felicidade dos homens.[30]

Não se desconsidere, porém, que, na pauta da Lei de Causa e Efeito, muitos casais reencontram-se para o necessário ajuste de contas. O encantamento dos primeiros encontros, com o tempo e a convivência, cede lugar à decepção, à amargura. Esse é um momento crítico, em que entra o esforço de cada um em procurar vencer essas naturais resistências, que tendem a desaparecer com o cultivo da prece, do perdão, da compreensão:

> [...] quantos não são os que acreditam amar perdidamente, porque julgam apenas pelas aparências, mas que, quando obrigados a viver com as pessoas, não tardam a reconhecer que não passava de um entusiasmo material! Não basta uma pessoa estar enamorada de outra que lhe agrada e em quem supõe belas qualidades; é vivendo realmente com ela que poderá apreciá-la. Por outro lado, quantas uniões, que a princípio parecem destinadas à antipatia, acabam se transformando em amor terno e duradouro, porque baseado na estima, depois que o casal passa a

[30] KARDEC, Allan. *O evangelho segundo o espiritismo*. cap. 11, it. 11.

> conhecer-se melhor e analisar-se mais de perto! Cumpre não esquecer que é o Espírito que ama, e não o corpo, de modo que, dissipada a ilusão material, o Espírito vê a realidade.[31]

Ressalve-se, porém, que ninguém está condenado a viver infeliz ao lado de quem lhe desagrada. Nem mesmo Jesus consagrou a indissolubilidade absoluta do casamento, tanto que disse: "Foi por causa da dureza dos vossos corações que Moisés permitiu que despedísseis as vossas mulheres". (*Mateus*, 19:8.)

> [...] Isso significa que, desde o tempo de Moisés, *não sendo a afeição mútua a única finalidade do casamento*, a separação podia tornar-se necessária. Acrescenta, porém: "no princípio não foi assim", isto é, na origem da Humanidade, quando os homens ainda não estavam pervertidos pelo egoísmo e pelo orgulho e viviam segundo a lei de Deus, as uniões, baseadas na simpatia, e não na vaidade e na ambição, não davam motivo ao repúdio.[32] (Grifos nossos.)

Estas conclusões não devem servir de pretexto ao desfazimento das uniões conjugais, ante a primeira dificuldade. Pelo contrário: devem estimular a busca de soluções, todas

[31] KARDEC, Allan. *O livro dos espíritos.* q. 939.

[32] *Id. O evangelho segundo o espiritismo.* cap. 22, it. 5.

elas encontradas no Evangelho de Jesus, para que a antipatia morra, dando lugar à simpatia.

Portanto, seja no relacionamento em família, seja no relacionamento em sociedade, a cada um de nós compete uma cota de esforço diário para melhorar a convivência com o nosso próximo mais próximo.

5

A MORTE SEM MISTÉRIOS

Por que a morte, sendo tão natural quanto o nascimento, fenômeno corriqueiro ao qual todos estamos sujeitos, sem exceção, ainda é considerada algo sinistro e tão misterioso? Por que ela é tão incompreendida e causa tanto sofrimento, sobretudo quando surpreende prematuramente nossos entes queridos?

O Espiritismo veio, em boa hora, desmistificar a morte, mostrando a sua verdadeira face, e, o que é mais importante, veio realçar a importância da vida, demonstrando que ela transcende a questão da sobrevivência. Entretanto, mesmo para os que estudam a realidade além-túmulo, a morte dos entes queridos é algo difícil de aceitar e administrar. Isso mostra quanto ainda somos imaturos, espiritualmente, e quanto temos ainda de desmaterializar nossos pensamentos e sentimentos.

Todas as religiões pregam a imortalidade, mas a Doutrina Espírita foi além: comprovou, cientificamente, a imortalidade e resgatou o Espírito da matéria, "matando a morte". Não se trata mais de convicção religiosa. Trata-se de estar bem ou mal informado, pois, sem prejuízo dos princípios revelados pelo Consolador, o Espírito já foi pesado, medido e fotografado por uma legião de sábios, pesquisadores e cientistas de renome, conforme registrado nos anais da História.

Muito da incompreensão e do temor da morte repousa no desconhecimento da natureza espiritual do homem e no desconhecimento do perispírito, invólucro inseparável da alma ou Espírito, elemento semimaterial fluídico indestrutível, que serve de intermediário entre o Espírito e o corpo físico. O estudo das propriedades e das funções do perispírito dilata novos horizontes à Ciência e constitui a chave de uma grande quantidade de fenômenos, preconceituosamente negados pelo materialismo e qualificados por outras crenças de milagres ou sortilégios, entre eles a materialização de Espíritos, confundida com a "ressuscitação" ou "ressurreição" dos mortos.

Denomina-se "morte" o esgotamento ou a cessação da atividade vital nos organismos. Nós, os espíritas, chamamo-la "desencarnação", palavra que designa, com maior precisão, o evento, pois o que se dá, na realidade, é o desprendimento do Espírito ou do princípio inteligente do corpo físico, que a esse havia se ligado por meio do fenômeno encarnatório.

Deus criou os Espíritos simples e ignorantes, impondo a eles encarnações sucessivas, com o objetivo de fazê-los chegar à perfeição, gradualmente, pelo próprio mérito. Logo, a evolução processa-se por fases, pois não é possível escalar o cume glorioso da plena vitória espiritual sobre si mesmo num só voo. Assim, podemos comparar o mundo físico a uma escola, a um campo de provas para o Espírito:

> [...] O Espírito, eterno nos fundamentos, vale-se da matéria, transitória nas associações, como material didático, sempre mais elevado, no curso

> incessante da experiência para a integração com a Divindade Suprema. [...][33]

O estágio na carne é o buril que esculpe o aperfeiçoamento do ser. Não é uma excursão de lazer a que somos convidados a gozar, à saciedade, na taça da vida, pois os excessos contribuem para a destruição prematura do corpo físico, equiparando-se a um suicídio inconsciente.

Com a desencarnação, a rigor, o corpo grosseiro não se destrói. É descartado, à semelhança de uma roupa imprestável, que se desprende do perispírito e do Espírito, molécula a molécula. Decompostos os elementos químicos, esses são restituídos à Natureza para serem reutilizados na construção de outros corpos. Sem a veste carnal, o Espírito, em vibração diferenciada, desaparece dos olhos físicos dos encarnados, como se mudasse de residência, mantendo-se intacto e conservando, em outra dimensão apropriada ao progresso realizado, todo o patrimônio de experiências adquiridas.

O corpo é o instrumento do progresso espiritual. A destruição dele é uma sábia Lei da Natureza, sem a qual não haveria renovação e transformação. A encarnação e a morte constituem ciclos na trajetória das criaturas, que permitem o desenvolvimento delas por etapas, o que proporciona, nos intervalos entre uma e outra existência física, a avaliação e a reavaliação das experiências, o planejamento das futuras encarnações, para o recomeço proveitoso de novas provas.

---

[33] LUIZ, André (Espírito). *Obreiros da vida eterna*. Psicografado por Francisco C. Xavier. cap. 19.

Se a morte fosse a destruição completa do homem (Espírito encarnado), muito ganhariam com ela os maus, pois ver-se-iam livres, ao mesmo tempo, do corpo, do Espírito e dos vícios. É uma ideia materialista que repugna ao bom senso e à lógica. A crença de que após a morte física vem o nada, além de anticientífica, é incompatível com a perfeição, a justiça e a bondade do Criador.

A vida na carne é uma constante preparação para a morte. Todos sabemos que ela é inexorável e pode acontecer a qualquer instante. Apesar disso, raramente valorizamos a existência e quase sempre desprezamos as oportunidades de crescimento:

> A educação para a morte não é nenhuma forma de preparação religiosa para a conquista do Céu. É um processo educacional que tende a ajustar os educandos à realidade da Vida, que não consiste apenas no viver, mas também no existir e no transcender.[34]

Aqueles que, durante a vida terrena, esforçarem-se sinceramente por se melhorar, mesmo errando durante o curso de sua existência, podem aguardar, serenos, a hora de seu retorno para o Mundo Espiritual, pois verão recompensados seus suores, dores e lágrimas. O Espírito Humberto de Campos relaciona conselhos muito úteis para os que pretendem morrer bem. Eis o resumo de alguns deles, em forma de decálogo:

[34] PIRES, J. H. *Educação para a morte*. cap. *Conceito atual da morte*, p. 23.

> 1. Diminua gradativamente a volúpia de comer a carne dos animais. 2. Evite os abusos do álcool e do fumo. 3. Não se renda à tentação dos narcóticos. 4. Quanto ao sexo, guarde muito cuidado na preservação do equilíbrio emotivo. 5. Se tiver dinheiro, não adie doações aos que realmente precisem e observe cautela com testamentos, pois a morte pode chegar de surpresa, deixando-o aflito com pendências judiciais perante os familiares. 6. Não se apegue demasiado aos laços consanguíneos, pois os entes queridos não nos pertencem. 7. Se você já possui o tesouro de uma fé religiosa, viva de acordo com os preceitos que abraça. É muito grande a responsabilidade moral de quem já conhece o caminho, sem equilibrar-se dentro dele. 8. Faça o bem que puder, sem a preocupação de satisfazer a todos. 9. Trabalhe sempre. O serviço é o melhor dissolvente de nossas mágoas. 10. Ajude-se, através do leal cumprimento de seus deveres.[35]

Em nossa quadra evolutiva, é normal que sintamos tristeza pela partida, inesperada ou não, dos entes queridos. A lembrança e a saudade geralmente evidenciam o amor que nutrimos por eles, contudo, não devemos nos entregar ao desespero e à tristeza mórbida, sob pena de prejudicarmos o restabelecimento dos recém-desencarnados, pois nossos pensamentos e sentimentos atingem-nos em cheio.

---

[35] IRMÃO X (Espírito). *Cartas e crônicas*. Psicografado por Francisco C. Xavier. cap. 4, p. 21-24.

Ademais, tal comportamento demonstra o nosso egoísmo, pelo apego excessivo aos laços familiares, ou ainda à falta de confiança em Deus, de fé no futuro e na imortalidade dos entes queridos, dos quais, a rigor, nunca nos apartamos, havendo, inclusive, a possibilidade de nos comunicarmos com eles.

É realmente consolador haurir a certeza da imortalidade da alma. Assimilar esses conhecimentos, adquirir essa convicção eleva a nossa condição de Espíritos, o que nos faz sentir herdeiros do Criador e dá-nos mais forças para vencer as dificuldades do dia a dia, permitindo que valorizemos ainda mais a vida.

A maior prova de que realmente internalizamos as noções imortalistas do ser e da reencarnação é recebermos com resignação e coragem a notícia do passamento de nossos entes queridos.

Lamentar exageradamente a partida daqueles a quem amamos é falta de caridade, pois seria exigir a permanência deles na prisão do corpo, fustigados por todo cortejo de provas da existência física, muitas vezes pelo egoísmo de tê-los junto de nós.

Saibamos impor silêncio às nossas dores, entregando-nos ao trabalho do bem, que nos dará forças para prosseguirmos no cumprimento dos deveres. Morrer todos os dias para a existência inferior é uma forma de viver a vida eterna, construindo o futuro glorioso que nos aguarda.

6

CAUSAS, CONSEQUÊNCIAS E PROFILAXIA DO SUICÍDIO

As estatísticas de órgãos oficiais são imprecisas quanto às taxas de suicídio no globo, que apresentam variantes indefinidas de região para região. O suicídio é considerado a décima causa de morte no mundo. Os estudiosos não encontram uma explicação conclusiva para as disparidades das taxas e as causas do suicídio, visto que há uma combinação de fatores de diversas ordens, tais como sociais, econômicos, psicológicos, psiquiátricos e ambientais que podem contribuir para a sua ocorrência.[36]

Devido ao crescimento dos índices de suicídio, a Organização Mundial da Saúde (OMS) trata o evento como um problema de saúde pública desde a década de 1990, iniciativa que também foi adotada pelo governo brasileiro a partir de 2005.

Inobstante todas as causas apontadas pelos estudiosos terrestres, quase sempre ligadas a fatores exógenos, na raiz do

[36] Disponível em: http://pt.wikipedia.org/wiki/Suic%C3%ADdio. Acesso em: 29 dez. 2015.

problema encontramos o enigma espiritual ignorado pelas ciências acadêmicas. A tese espírita contribui muito para o combate e a erradicação do suicídio, porque, além dos fatores externos, estudados pela comunidade científica, avalia a própria experiência dos suicidas, os quais, utilizando-se de médiuns, vêm, pessoalmente, advertir os homens sobre a inutilidade e o equívoco desse gesto.[37]

Que razões levam uma pessoa a desertar de um bem tão precioso, que é a vida, contrariando o instinto de conservação? Como vacinar-se contra esse flagelo?

O desgosto da vida e o suicídio possuem diversas causas.[38] Pretendemos analisar apenas algumas delas, sob o ponto de vista dos princípios estudados pelo Espiritismo, sem intenção de esgotar o tema.[39]

O materialismo, fundado na crença niilista, tem sido um dos grandes vetores desse flagelo.[40] Acreditando que a morte é o fim de tudo, muitas pessoas, desgostosas da vida, optam pela saída desditosa do suicídio. É uma ideia que repugna à lógica e ao bom senso.

---

[37] BOTELHO, Camilo Cândido (Espírito). *Memórias de um suicida*. Psicografado por Yvonne do A. Pereira.

[38] KARDEC, Allan. *O livro dos espíritos*. q. 943.

[39] VERA, Alejandro Victor Daniel. Suicídio, uma visão médica e espírita. *Reformador,* ano 134, n. 2.251, p. 5(579) a 7(581), out. 2016.

[40] KARDEC, Allan. *O evangelho segundo o espiritismo*. cap. 5, its. 14 a 17.

Basta um pouco de reflexão: por que lutar para ser bom, para progredir, se todos vamos ter o mesmo destino, independentemente de nosso comportamento? A vida no corpo físico perderia completamente a razão de ser. Seria inútil reencarnar.

O orgulho e a ignorância a respeito das leis espirituais também contribuem para isso. Criaturas em desespero, numa atitude de rebeldia contra as Leis do Criador, não aceitando os reveses que a vida lhes impõe, em decorrência da Lei de Causa e Efeito, procuram o suicídio como válvula de escape para seus problemas, que lhes parecem insuperáveis ou insolúveis, sem considerar que as dificuldades, por mais desafiadoras que sejam, constituem instrumentos de resgate, crescimento intelectual e espiritual. Para não cederem em seus pontos de vista inflexíveis ou por não aceitarem uma derrota, uma doença aparentemente incurável, um desastre financeiro,[41] uma decepção amorosa, procuram o suicídio, que, entretanto, lhes reserva amargas experiências.

A obsessão espiritual tem sido outra causa de suicídios, muito pouco estudada pelos profissionais da saúde, a maioria deles desconhecedores das Leis Naturais ora estudadas. A obsessão é o domínio que Espíritos inferiores exercem sobre certas pessoas.[42] Não raro, são inimigos do passado, ávidos de vingança contra o seu desafeto. Por vezes, o assédio espiritual

---

[41] SILVA, Hilário (Espírito). *A vida escreve*. Psicografado por Francisco C. Xavier e Waldo Vieira. Parte 2, cap. 7.

[42] KARDEC, Allan. *O livro dos médiuns*. Parte 2, cap. 23.

é tão grande que pode ocasionar problemas orgânicos sérios, inclusive lesões no cérebro, capazes de levar a pessoa à loucura, se não receber tratamento espiritual adequado, a tempo.

Outra causa predominante é o desleixo para com o corpo físico, instrumento do progresso, como o abuso dos alimentos, do álcool, do fumo, das drogas, dos remédios em excesso, do sexo desequilibrado, do ódio, da mágoa profunda etc. Estes hábitos nocivos constituem fontes solapadoras das energias, que muito contribuem para que a morte física aconteça antes do tempo. É conhecido como suicídio indireto ou inconsciente.[43] A pessoa não quer, deliberadamente, a morte, mas o estilo de vida adotado a conduz à morte prematura. Considerando o estágio moral da coletividade, quase todos podemos ser considerados suicidas inconscientes. Daí a importância do cultivo da religião, que nos oferece diretrizes para vivermos uma vida de qualidade, sem abusar das prerrogativas que o Criador concede-nos para desfrutarmos da vida.

As consequências do suicídio são terríveis para o Espírito e para todos aqueles que contribuíram direta ou indiretamente para a sua prática. Elas são as mais variadas e correspondem às causas e às circunstâncias que o produziram.[44] Há, entretanto, resultados que são comuns a todos. Os Espíritos narram que a primeira coisa que descobrem, frustrados, após o gesto tres-

---

[43] LUIZ, André (Espírito). *Nosso Lar*. Psicografado por Francisco C. Xavier. cap. 1, 2 e 4.

[44] KARDEC, Allan. *O livro dos espíritos*. q. 957.

loucado, é que ninguém foge de si mesmo, ninguém morre. O que se destrói é apenas o corpo físico. A consciência continua palpitando em outra dimensão. Por isso, o desapontamento e o destrambelho das faculdades mentais são assaz penosos, aliados ao remorso que os atingem em cheio.

Os sofrimentos, em vez de serem aliviados, como esperava o suicida, agravam-se superlativamente. Experiência comum a todos os Espíritos que optaram por essa fuga impossível é a visão constante dos fatos que culminaram com a sua morte física, como se fosse um filme de sua própria vida, num morrer e remorrer sem tréguas.[45] A visão do corpo em estado de putrefação e a sensação de estar sendo devorado pelos vermes também é muito comum no Espírito suicida, o qual experimenta severas dificuldades para se desligar dos laços carnais. Depois, vêm as flagelações nos planos espirituais inferiores, onde o enfermo junta-se a outros Espíritos sofredores em situação semelhante, agravando a sua situação moral.

Não bastasse tudo isso, o suicida poderá ter dificuldades de acesso às reencarnações futuras, benditas oportunidades de recomeço para o Espírito, que lhe proporcionarão trégua nas dores superlativas e permitir-lhe-ão a chance de reparar seu erro e as consequências do ato desatinado, que também flagela os entes queridos.

---

[45] SCHUBERT, Suely C. *O semeador de estrelas*. cap. 9.

O estudo das propriedades do perispírito, considerado o modelo organizador biológico do corpo físico, auxilia a compreender o porquê de tantas enfermidades físicas e/ou mentais dolorosas que afetam milhares de reencarnantes, muitas delas radicadas no suicídio então praticado, as quais devem ser vistas não como punição divina, mas sim como o remédio amargo que corrige e reeduca o Espírito imortal, considerando que a Justiça Divina encontra-se insculpida na própria consciência. É que a dor do remorso, sob o comando da mente, tem o condão de provocar alterações na estrutura atômica do perispírito, o que afeta, sensivelmente, a formação do futuro corpo físico.[46]

O suicídio é uma violenta interferência nos mecanismos da Lei Divina, pois a vida é um bem supremo indisponível. Se o homem não é capaz de criar, também não tem o direito de destruir o próprio corpo, primeiro empréstimo de Deus concedido ao seu detentor, para aperfeiçoamento do Espírito imortal.

Aquele que se mata, na vã esperança de mais rápido chegar ao "Céu", comete outra loucura. Assim agem muitos fanáticos, destruindo-se e a tantos outros inocentes. Os que assim procedem apenas retardam a sua entrada num mundo melhor e terão de pedir lhes seja permitido voltar, para concluírem a vida a que puseram termo sob o influxo de uma

---

[46] EMMANUEL (Espírito). *Religião dos espíritos*. Psicografado por Francisco C. Xavier. cap. *Veneno*.

ideia falsa. O mesmo destino está reservado àqueles que se matam com o intuito de juntar-se aos entes queridos que os precederam na grande viagem. Esse gesto estúrdio, em vez de aproximá-los, afastá-los-á ainda mais dos seres que amam.[47]

O Espiritismo, com este precioso cabedal de informações, apresenta-se como solução preventiva não somente aos Espíritos atormentados, mas também aos que gozam de boa saúde mental, alertando-os sobre os perigos e a inutilidade desse gesto insano. Tais conhecimentos não apenas previnem como também consolam os familiares, ante a certeza da Misericórdia Divina, que, além das atenuantes dos sofrimentos, conforme as circunstâncias, proporciona ao suicida a reparação do erro.

Por isso, ao tomarmos conhecimento de que alguém cometeu suicídio, não condenemos, mas elevemos o pensamento em prece a Deus,[48] para que o irmão desventurado suporte, com resignação, os sofrimentos que carreou a si próprio, sempre lembrando que, para aqueles que continuam estagiando no plano físico, os maiores antídotos contra o suicídio são a vigilância, a oração e o trabalho em favor do próximo.

---

[47] KARDEC, Allan. *O céu e o inferno*. Segunda parte, cap. 5.

[48] *Id. O evangelho segundo o espiritismo*. cap. 28, its. 71-72.

7

EUTANÁSIA

"Idosos fogem da Holanda, com medo da eutanásia!" Com essa chamada, o portal *DW Made for minds*,[49] órgão de comunicação da Alemanha, tornou pública a denúncia assim resumida:

> Asilo na Alemanha converte-se em abrigo para idosos que fogem da Holanda com medo de serem vítimas de eutanásia a pedido da família. São 4 mil casos de eutanásia por ano, sendo um quarto sem aprovação do paciente.

É comum, em toda parte, os órgãos de imprensa darem ênfase a notícias sobre a aprovação de leis que atentam contra a vida, mas dão pouca ou nenhuma importância a uma denúncia tão grave como essa.

E se fôssemos um dos idosos da Holanda, onde a prática da eutanásia é liberada, como sói ocorrer em alguns países ditos "de primeiro mundo"? Não estaríamos em risco permanente, considerando que o Estado estimula nas famílias uma conduta egoística incompatível com a dignidade humana, indício de ignorância e desprezo para com

---

[49] Disponível no portal DW Made for minds: http://www.dw.com/pt/idosos-fogem-da-holanda-com-medo-da-eutanasia/a-1050812. Acesso em: 29 dez. 2015.

as questões morais/espirituais? Trilhando a contramão das leis naturais, no Brasil, os legisladores, aproveitando-se da reforma do Código Penal, incluem a legalização do aborto e da eutanásia na pauta do Congresso.[50] Por que esse é um caminho que devemos evitar? Quais as causas e as consequências da prática da "morte sem dor"?

É fato que somos meros depositários do corpo físico, primeiro empréstimo que Deus nos concede para o progresso intelecto-moral. Por essa razão, se o homem não é capaz de criar a vida, também não tem o direito de extingui-la.

De acordo com o Código de Ética da profissão, inspirado na tradição hipocrática, o médico não pode contribuir, direta ou indiretamente, para apressar a morte do paciente. Se não tiver condições de debelar o mal, dispõe de meios lícitos para suspender procedimentos que prolonguem a vida do paciente, com sofrimento desnecessário (obstinação terapêutica ou distanásia), oferecendo-lhe, em contrapartida, o amparo necessário para que tenha morte natural digna (ortotanásia).[51]

Afinal, o médico formou-se para salvar vidas e não para destruí-las! Esse é o dilema da eutanásia: como conciliar o ato de curar com o de matar? A eutanásia não é solução para a dor, pois, ao ser expulso do corpo, o Espírito, indestrutível, leva

---

[50] Ver Projetos de Lei n. 125/96 e n. 236/12, ambos do Senado Federal.

[51] Ver Resolução n. 1.805/2006, sobre a ortotanásia (morte natural) e Resolução n. 1.995/2012, sobre o *testamento vital*, ambas do Conselho Federal de Medicina (CFM).

consigo para o Além seus dramas e conflitos. A Medicina não é uma ciência exata: "[...] os desígnios divinos são insondáveis e a ciência precária dos homens não pode decidir nos problemas transcendentes das necessidades do Espírito".[52] Ademais, o critério de incurabilidade é muito frágil, e a ciência médica não para de evoluir. Periodicamente, são descobertas curas para certas doenças que até então eram consideradas irreversíveis.

As causas principais da prática da eutanásia são o materialismo, o egoísmo, o orgulho e a ignorância quanto às origens do homem, ser integral formado de corpo e Espírito. Aquele que pede para que lhe seja antecipada a morte física, muitas vezes assim age premido pela dor, pelo receio de sofrer, para não dar trabalho aos outros, numa espécie de fuga psicológica da realidade. Todos abominamos o sofrimento e queremos nos livrar dele. É o direito natural à saúde, protegida pelo instinto. Caso contrário, não seria dado ao homem o ensejo da descoberta da anestesia e de tantas outras terapêuticas. Entretanto, a eutanásia é inútil, pois ela só agrava a situação.

Uns são a favor da eutanásia, porque temem o julgamento da sociedade; envergonham-se da própria doença. Quando não, são os familiares que se constrangem com seus enfermos, às vezes portadores de doenças insidiosas. Há aqueles que aderem à eutanásia, por considerarem o doente um fardo. Querem o descanso imerecido, olvidando que, não raro, a

---

[52] EMMANUEL (Espírito). *O consolador*. Psicografado por Francisco. C. Xavier. q. 106.

provação não é exclusiva do enfermo. Outros, ainda, assim agem, em nome de interesses materiais escusos.

As consequências, para a vítima da eutanásia passiva ou não consentida, tal qual a pessoa assassinada por qualquer motivo, variam ao infinito, visto que são pertinentes à própria evolução do ser. Tais efeitos dependem de vários fatores e, sobretudo, do tempo necessário ao desligamento dos laços perispiríticos, que é bem mais demorado nas criaturas ainda muito apegadas à matéria, pois ficam imantadas mentalmente aos despojos físicos, com sérios prejuízos para o seu restabelecimento e adaptação ao mundo invisível:

> [...] Sem qualquer conhecimento das dificuldades espirituais, o médico ministrou a chamada "injeção compassiva", ante o gesto de profunda desaprovação do meu orientador.
>
> Em poucos instantes, o moribundo calou-se. [...] Cavalcante, para o espectador comum, estava morto. Não para nós, entretanto. A personalidade desencarnante estava presa ao corpo inerte. [...]
>
> [...] Cavalcante permanece, agora, colado a trilhões de células neutralizadas, dormentes, invadido de estranho torpor que o impossibilita de dar qualquer resposta ao nosso esforço.[53]

[53] LUIZ, André (Espírito). *Obreiros da vida eterna*. Psicografado por Francisco C. Xavier. cap. 18.

Para a vítima da eutanásia ativa (consentida), as consequências assemelham-se aos efeitos experimentados pelos suicidas conscientes: o desapontamento, porque a fuga de si mesmo é impossível, uma vez que ninguém morre; o agravamento do problema, pois, se o paciente pretendia escapar da dor, agora vai encontrá-la em doses superlativas, mormente no aspecto moral (remorso), em que sofrerá pesadelos íntimos torturantes; estágio de sofrimentos inenarráveis nas regiões de sombra (umbrais), em que esgota as reservas vitais e os resíduos mentais grosseiros, onde estagiam milhares de outros Espíritos desditosos em condições semelhantes ou piores; reencarnações dolorosas do Espírito, que reaparece no palco físico com um corpo debilitado, ou defeituoso, graças às impressões deletérias registradas nas entranhas do perispírito.

Enfim, "sempre se é culpado por não aguardar o termo fixado por Deus para a existência"[54] e a consequência de tal ato é, "como sempre, e de acordo com as circunstâncias, uma expiação proporcional à gravidade da falta".[55]

Em socorro dos desesperados, surge a Doutrina Espírita com seus ensinos esclarecedores e consoladores, restituindo, tanto aos doentes como aos familiares, a esperança, a paz, a resignação e a coragem, uma vez que permite a compreensão das causas e da finalidade dos sofrimentos e das dores:

---

[54] KARDEC, Allan. *O livro dos espíritos*. q. 953.

[55] *Id. ibid.* q. 953b.

> [...] Raramente os companheiros encarnados, quando em excelentes condições de saúde física, podem compreender as aflições dos enfermos em posição desesperadora ou dos moribundos prestes a partir. Nós outros, porém, no quadro das realidades mais fortes, sabemos que, muitas vezes, é possível efetuar realizações deveras sublimes, de natureza espiritual, em poucos dias, nessas circunstâncias, depois de longos anos de atividades inúteis. [...][56]

A finalidade da dor física, em geral, é um aviso da Natureza, que procura preservar-nos dos excessos. Não fosse ela, destruiríamos o corpo em pouco tempo. Há outras vantagens que a dor nos proporciona: acentua o heroísmo da criatura humana; derruba as muralhas da indiferença, do egoísmo e do amor-próprio excessivo; desanimaliza a alma, enfraquecendo os instintos mais baixos; facilita o auxílio dos benfeitores espirituais, em todos os sentidos; funciona como válvula de escoamento de nossas imperfeições morais; ensina-nos a corrigir nossos vícios, propiciando o arrependimento de nossas faltas, para termos um retorno mais tranquilo ao Mundo Espiritual, de modo a readquirir, no futuro, condições de expiar e reparar os nossos equívocos; desperta as fibras do sentimento e da

[56] LUIZ, André (Espírito). *Missionários da luz.* Psicografado por Francisco C. Xavier. cap. 7.

solidariedade naqueles que convivem com o enfermo (parentes, amigos), estimulando-os à prática da caridade.

Tanto a dor como o prazer podem se tornar fatores de elevação moral, se bem aproveitados e conduzidos, uma vez que proporcionam a reeducação do Espírito. É belo compadecer-se do sofrimento alheio, entretanto, procuremos aliviar a dor de nossos enfermos sem violentar as Leis Divinas. Atendamos ao conselho dos bons Espíritos:

> [...] Minorai os derradeiros sofrimentos, tanto quanto puderdes; guardai-vos, porém, de abreviar a vida, ainda que de um minuto, porque esse minuto pode poupar muitas lágrimas no futuro.[57]

Amparados na humildade, nas preces, na fé e nos recursos da Medicina dos homens, haveremos de suportar nossas dores, por maiores que sejam, as quais continuarão existindo em nosso orbe, enquanto não superarmos o estágio de expiações e provas. Essa é a razão pela qual devemos priorizar a cura dos males morais, para que tenhamos mais saúde no futuro.

---

[57] KARDEC, Allan. *O evangelho segundo o espiritismo*. cap. 5, it. 28, pelo Espírito São Luís.

8

O FUTURO ESPIRITUAL ANTE A JUSTIÇA DIVINA

Existe, após a morte, uma Justiça Divina que estabelece recompensas ou punições de acordo com o comportamento dos Espíritos enquanto encarnados? Se existe, como se dá o cumprimento dessa Justiça? Ao morrer, para onde vamos? Para um céu beatífico, se fizemos o bem, ou para um inferno de chamas eternas, se fizemos o mal? Ou tudo acaba em nada, como apregoam os que se dizem céticos ou materialistas?

Todas as religiões pregam a imortalidade da alma. O Espiritismo foi além: demonstrou a existência dos Espíritos, da imortalidade e do Mundo Espiritual.

Os Espíritos Superiores ensinam que a Justiça Divina revela-se por meio de leis internas ou morais, insculpidas na consciência da criatura humana, as quais se manifestam de acordo com a evolução dos seres.

O Espiritismo revela ainda a existência de um plano espiritual, que é prioritário em relação à esfera física, sendo aquele o mundo normal, primitivo, eterno, preexistente e que sobrevive a tudo. De lá viemos e para lá um dia retornaremos em definitivo, após sucessivas reencarnações, quando estivermos completamente depurados. Já o mundo físico é uma escola, um campo de provas, onde burilamos o Espírito. A importância do Mundo Espiritual é tanta que o mundo corporal poderia deixar de existir ou nunca ter existido, no entanto, esses dois mundos, o espiritual e o físico, interagem constantemente, apesar de serem independentes.

O homem sempre cultivou, instintivamente, a crença inata na vida após a morte e na existência de Espíritos. Qual a razão desse fenômeno? A nossa própria essência imortal cuida de explicar isso, visto que somos originários do Mundo Espiritual e não do mundo físico, de sorte que o sentimento de uma existência melhor está no foro íntimo das pessoas. O que nos falta é o autoconhecimento sobre a nossa própria herança divina.

Antes de encarnar, geralmente a criatura já sabe da existência do Mundo Espiritual e de que é um Espírito, conhecimento esse que permanece latente, abafado pelos grilhões do corpo físico, mas que vem à tona aos poucos, à medida que o ser evolui.

O Espírito conserva a individualidade ou a consciência, após a morte física, sem o que não haveria, a rigor, a sobrevivência espiritual, visto que, nessa última hipótese, a nossa essência moral se perderia no oceano do infinito:

> Se há doutrina *insensata* e *antissocial*, é, seguramente, o *niilismo*, que rompe os verdadeiros

> laços de solidariedade e da fraternidade, em que se fundam as relações sociais.[58]

O homem pressente a realidade da sobrevivência após a morte e nas suas consequências, conforme tenha bem ou mal vivido, porque as experiências das vidas transatas estão gravadas no íntimo, no âmago do Espírito. A voz da consciência cuida de alertá-lo a respeito de sua origem e de seu destino, mas esse reluta em ouvir essa voz interior que lhe fala ao coração empedernido ou deseducado para percebê-la.

Perguntados sobre qual o sentimento que domina a maioria dos homens no momento da morte (a dúvida, o temor ou a esperança?), os protetores espirituais responderam, sem rebuços: "a dúvida, nos céticos endurecidos; o temor, nos culpados; a esperança, nos homens de bem".[59]

A morte não aniquila o ser. Crer neste aniquilamento equivale a acreditar no surgimento e no funcionamento do Universo a partir do nada ou do acaso. A existência de um Criador perfeito, justo e bom, patenteia-se ante as majestosas obras visíveis e invisíveis que atestam a existência de leis eternas que regulam todos os departamentos da vida.

Todas as criaturas, independentemente de seu grau evolutivo, recebem atenção compatível com suas necessidades. Nada escapa ao crivo de Deus, ao seu exame, desde os seres

---

[58] KARDEC, Allan. *O céu e o inferno*. Primeira parte, cap. 1, it. 2.

[59] *Id. O livro dos espíritos*. q. 961.

mais simples até os mais complexos, supervisão que é realizada por meio de suas leis perfeitas que também regem as ações humanas de forma equânime e justa:

> Deus tem suas leis, que regulam todas as vossas ações. Se as violais, a culpa é vossa. Sem dúvida, quando um homem comete um excesso qualquer, Deus não profere contra ele um julgamento, dizendo-lhe, por exemplo: Foste guloso, vou punir-te. Ele traçou um limite: as doenças e muitas vezes a morte são a consequência dos excessos. Eis a punição; ela resulta da infração da lei, como, aliás, sucede em tudo.[60]

Não é por acaso que todas as nossas atitudes, boas ou más, decorrentes do exercício do livre-arbítrio, repercutem nessas leis, preservando em nosso Espírito uma memória integral, algo semelhante a um banco de dados incorruptível, o qual, mais cedo ou mais tarde, virá à tona, proporcionando uma espécie de autojulgamento, resultante de uma avaliação perfeita de todos os pormenores favoráveis ou desfavoráveis, os quais se compensarão, equitativamente, na balança divina.

Esse o motivo pelo qual os benfeitores do Espaço, ao responderem à pergunta: "Onde está escrita a lei de Deus?",

[60] KARDEC, Allan. *O livro dos espíritos*. q. 964.

formulada por Allan Kardec, responderam: "Na consciência".[61] Dessa forma,

> [...] o homem é constantemente o árbitro da sua própria sorte; pode abreviar ou prolongar indefinidamente o seu suplício; a sua felicidade ou a sua desventura dependem da vontade que tenha de praticar o bem.[62]

O resultado desse autojulgamento será determinante e influenciará o futuro do ser, quanto às provas pelas quais deverá experimentar nas futuras existências físicas, sem que haja um determinismo nos acontecimentos da vida, pois "a fatalidade só existe pela escolha que o Espírito fez, ao encarnar".[63]

Pela análise que fizemos a respeito das penas e dos gozos futuros, percebe-se, intuitivamente, a existência de um planejamento divino na Criação, de forma a conduzir os Espíritos, por seus próprios méritos, à perfeição e à felicidade, infundindo-lhes a certeza de que o bem é um determinismo divino, e "é o fim supremo da Natureza".[64]

Herdeiro divino e cocriador, o Espírito recebe de Deus todo um arsenal de recursos para fazer face ao seu progresso, para conquistar, pelos próprios esforços, a sua redenção, que

---

[61] KARDEC, Allan. *O livro dos espíritos*. q. 621.

[62] *Id. O evangelho segundo o espiritismo*. cap. 27, it. 21.

[63] *Id. O livro dos espíritos*. q. 851.

[64] DENIS, Léon. *Depois da morte*. Parte 1, cap. 2.

o conduzirá, no decorrer dos milênios, ao estado de Espírito puro, quando não precisará mais reencarnar, a não ser, se lhe aprouver, em missão especial.

A vida no corpo físico, com o seu cortejo de provas e expiações, é um desses inúmeros recursos disponibilizados ao aprendiz, que deve descobrir por si mesmo os caminhos de retorno a Deus. As etapas reencarnatórias, acompanhadas do esquecimento temporário, permitem o recomeço do indivíduo, facultando-lhe a retificação dos erros cometidos e a retomada de antigos compromissos com o bem, dos quais muitas vezes se afastou, devido aos enganos e ilusões a que se entregou na trajetória da existência física.

A aquisição da certeza da vida futura representa uma mudança de paradigma de grande impacto na vida das pessoas que estão despertando para as realidades espirituais, pois, além de oferecer uma perspectiva consoladora e explicar racionalmente o porquê dos sofrimentos, abre-lhes a oportunidade de imprimir novos padrões de comportamento, que melhorarão sensivelmente a qualidade de vida espiritual delas.

De fato, a internalização desses preceitos liberta-nos das ideias niilistas e das crenças infantis na existência do demônio e das penas eternas, combatendo também a fé ingênua na existência de um céu beatífico, onde passaríamos o resto da eternidade em uma monótona vida contemplativa, ao lado de seres alados de vestes alvas.

Esses conhecimentos, essas convicções imortalistas, conduzem-nos à verdadeira compreensão da nossa origem e destino, do nosso valor espiritual e da nossa condição de filhos de Deus, o que nos dá mais forças para enfrentar os desafios diários, permitindo que valorizemos ainda mais a existência no corpo físico e a própria vida, rumo a uma educação libertadora, da qual depende o nosso futuro espiritual.

Todos aqueles que perseverarem e esforçarem-se sinceramente por melhorar, mesmo errando durante o curso de sua existência, podem aguardar, serenos, a hora de seu desenlace, pois verão recompensados seus suores, dores e lágrimas.

9

NATUREZA DAS PENAS E GOZOS ESPIRITUAIS

Existindo, como existe, uma Justiça Divina que funciona na consciência de cada um, qual seria a natureza das penas e dos gozos que experimentam os Espíritos?

Ao retornarem para o Mundo Espiritual, além das percepções que tinham no estado de encarnados, os Espíritos apresentam outras que estavam abafadas pelo corpo físico. Isso se deve ao fato de que a inteligência (atributo do Espírito) eclode mais livremente sem os obstáculos naturais próprios do organismo fisiológico.

A natureza animal do corpo físico funciona como uma espécie de quebra-luz das potências da alma, razão pela qual obstrui as percepções do Espírito durante a existência física, estabelecendo uma espessa muralha vibratória a separá-lo do Mundo Espiritual.

Apesar de as penas e os gozos do Espírito, após a morte, não serem materiais, uma vez que a alma não é matéria, eles são muito mais pungentes do que as penas e os gozos experimentados na Terra, em virtude de que, uma vez ocorrido o desenlace espiritual, o corpo físico já não entorpece as sensações do Espírito.

Em geral, o homem não tem a respeito senão ideias vagas, quando não equivocadas e completamente falsas, pelo fato de desconhecer questões elementares a respeito da natureza do Espírito. Em pleno século XXI, continuamos a nos perguntar: "O que acontece conosco durante e após a morte? Morrer dói?". A esse respeito, a Doutrina Espírita não se baseia em teorias e sistemas preconcebidos, mas sim na observação dos fatos relatados pelos próprios Espíritos.

O conhecimento do laço fluídico que une a alma ao corpo, denominado por Allan Kardec de perispírito (envoltório semimaterial do Espírito), é a chave por meio da qual se compreendem esses e muitos outros fenômenos relacionados às sensações experimentadas pelos Espíritos desencarnados:

> 13. – O estado do Espírito por ocasião da morte pode ser assim resumido: tanto maior é o sofrimento quanto mais lento for o desprendimento do perispírito; a presteza deste desprendimento está na razão direta do adiantamento moral do Espírito; para o Espírito desmaterializado, de consciência pura, a morte é qual um sono breve, isento de agonia, e cujo despertar é suavíssimo.[65]

Em *O livro dos espíritos*, Kardec elabora um "ensaio teórico sobre a sensação dos Espíritos", no qual explica a ação do perispírito como "o agente das sensações exteriores", destacando que

[65] KARDEC, Allan. *O céu e o inferno*. Segunda parte, cap. 1, it. 13.

"a dor que sentem não é uma dor física propriamente dita". É "mais uma reminiscência do que uma realidade, reminiscência, porém, igualmente penosa"[66], originada dos condicionamentos mentais adquiridos durante a existência terrena.

Da obra *Nosso lar* extraímos pequeno trecho das palavras do Espírito André Luiz, o qual narra a própria experiência, ao estagiar nas regiões umbralinas:[67]

> [...] como a flor de estufa, não suportava agora o clima das realidades eternas. Não desenvolvera os germes divinos que o Senhor da Vida colocara em minh'alma. Sufocara-os, criminosamente, no desejo incontido de bem-estar. Não adestrara órgãos para a vida nova. [...]
>
> Oh! amigos da Terra! Quantos de vós podereis evitar o caminho da <u>amargura</u> com o preparo dos campos interiores do coração? Acendei vossas luzes antes de atravessar a grande sombra. Buscai a verdade, antes que a verdade vos surpreenda. Suai agora para não chorardes depois.[68] (Sublinhei.)

---

[66] KARDEC, Allan. *O livro dos espíritos*. q. 257.

[67] As regiões umbralinas são faixas espirituais transitórias vinculadas à crosta terrena, destinadas ao estágio provisório dos Espíritos infratores das Leis Divinas, que ali têm a oportunidade de esgotar os resíduos mentais grosseiros derivados do materialismo e das ilusões terrenas.

[68] LUIZ, André (Espírito). *Nosso Lar*. Psicografado por Francisco C. Xavier. cap. 1.

Se observarmos a Natureza, toda ela funciona como um sistema de penas e recompensas, de pesos e contrapesos, a se compensarem incessantemente. A dor e o sofrimento, que decorrem de nossos atos equivocados, são um processo destinado a proteger, a ensinar e a curar, isto é, a educar o Espírito imortal, e que ainda são interpretados por muitos, presos aos atavismos ancestrais, como punição divina.

O Espiritismo, em boa hora, restaurando os ensinamentos do Cristo, veio corrigir esse e outros equívocos, mostrando Deus como um Pai compassivo, bom, misericordioso e infinitamente justo, o qual insculpiu suas leis no âmago do próprio Espírito, para que cada um tenha a oportunidade de corrigir o erro em si mesmo, fortalecendo a responsabilidade pessoal pelos atos praticados.

A maioria esmagadora das pessoas não recebe uma preparação espiritual adequada das religiões, por desconhecimento das leis naturais que regem as relações do Espírito e da matéria. O fato é que grande parte dos movimentos religiosos, além de não cumprirem sua missão, conservam as massas na ignorância, induzindo-as a acreditarem numa "salvação" fácil, à custa de privilégios, promessas e barganhas, como se a redenção espiritual pudesse ser conquistada de um salto com o mero cumprimento de rituais de adoração exteriores.

Essa falta de preparação espiritual tem sido fonte de muitas decepções e sofrimentos por parte das criaturas humanas, que, ao desencarnarem, sentem-se frustradas e revoltadas diante das promessas não cumpridas de um paraíso fácil e cheio de privilégios.

Os benfeitores do Espaço ensinam também que a felicidade dos bons Espíritos é conquistada pelo merecimento, isto é, pelo estudo, sacrifício, renúncia, trabalho, abnegação, virtudes que gradualmente conduzem ao progresso moral. Por isso se diz que a felicidade é diretamente proporcional à elevação de cada um.

Analisemos parte do depoimento do Espírito Maurice Gontran, de grandes virtudes intelecto-morais, que desencarnou aos 18 anos, de afecção pulmonar:

> [...] não mais sofria, e respirava a longos haustos, prazerosamente, um ar embalsamado e puro: transportava-me através do Espaço uma força desconhecida. Brilhante luz resplandecia em torno, mas sem cansar-me a vista! Vi meu avô, não mais esquálido, alquebrado, porém, com aspecto juvenil e loução. E ele estendia-me os baços, estreitando-me efusivamente ao coração.[69]

Enfim, os sofrimentos dos Espíritos inferiores são tão variados quanto as causas que os produzem e proporcionais ao grau de inferioridade, assim como os gozos guardam relação direta com o grau de superioridade. Há, inclusive, Espíritos

---

[69] KARDEC, Allan. *O céu e o inferno*. Segunda parte, cap. 2, *Maurice Gontran*.

que sofrem pelo fato de não poderem mais gozar dos mesmos prazeres materiais que fruíram enquanto encarnados.

Três princípios ensinados pelos Espíritos Superiores resumem as penas e gozos futuros:

1. o sofrimento é inerente à imperfeição;
2. toda imperfeição, assim como toda falta dela originada, traz consigo a punição respectiva, a se manifestar nas consequências naturais e inevitáveis dos atos praticados;
3. o homem pode vencer as próprias imperfeições por meio da vontade, neutralizando o mal feito ontem pela prática do bem realizado hoje, que lhe assegurará a verdadeira e perene felicidade.[70]

As penas e os gozos espirituais atuam sobre os Espíritos na exata correspondência de suas necessidades interiores, conforme tenham bem ou mal vivido. As penas têm por objetivo reconduzir a criatura recalcitrante ao caminho do bem por meio do arrependimento, da expiação e da reparação. Os gozos constituem fonte de bênçãos a premiar os esforços daqueles que perseveram no trabalho do bem:

> Dolorosa, cheia de angústias para uns, a morte não é, para outros, senão um sono agradável seguido de um despertar silencioso. O desprendimento é fácil para aquele que previamente se

[70] KARDEC, Allan. *O céu e o inferno*. Primeira parte, cap. 7, it. *Código penal da vida futura*, subit. 33º.

desligou das coisas deste mundo, para aquele que aspira aos bens espirituais e que cumpriu os seus deveres. Há, ao contrário, luta, agonia prolongada no Espírito preso à Terra, que só conheceu os gozos materiais e deixou de preparar-se para essa viagem.[71]

Em suma, a natureza das penas e dos gozos futuros está diretamente ligada à evolução dos Espíritos. Quanto mais materializado e vinculado às paixões terrenas, o Espírito mais estará sujeito a sofrimentos. No sentido inverso, quanto mais moralizado e sintonizado com o bem, maior será a ventura experimentada pelo Espírito.

Encerrando estas reflexões, ocorre-nos a seguinte indagação: que bem estamos fazendo hoje que nos garantirá um futuro espiritual ditoso amanhã?

[71] DENIS, Léon. *Depois da morte*. cap. 30.

10

PENAS TEMPORAIS

Humberto de Campos, notável escritor brasileiro desencarnado em 1934, descreve, sob o pseudônimo *Irmão X*, em obra psicografada pelo médium Francisco Cândido Xavier (1910-2002), lamentável episódio ocorrido no ano 177 da era cristã, na cidade de Lião, situada em antiga província romana da Gália, em que mais de mil pessoas, ávidas de crueldade, cooperaram com sinistro plano de levar às arenas "largas filas de mulheres e criancinhas, em gritos e lágrimas", as quais, "no fim de soberbo espetáculo encontraram a morte, queimadas nas chamas alteadas ao sopro do vento, ou despedaçadas pelos cavalos em correria".

Finalizando a viva narrativa, Humberto de Campos arremata:

> Quase dezoito séculos passaram sobre o tenebroso acontecimento... Entretanto, a justiça da Lei, através da reencarnação, reaproximou todos os responsáveis, que, em diversas posições de idade física, se reuniram de novo para dolorosa expiação, a 17 de dezembro de 1961, na cidade

brasileira de Niterói, em comovedora tragédia num circo.[72]

Esses dois impactantes eventos, ocorridos em lugares tão distantes um do outro, no espaço e no tempo, fazem-nos refletir sobre as causas das provas experimentadas pelos Espíritos no estado de encarnados, também chamadas de "penas temporais". Da choupana ao palácio, ninguém está livre dos sofrimentos inerentes ao estágio evolutivo da Terra, orbe de provas e expiações, onde cabe a todos cumprir sua parte na obra da Criação e onde a indefectível Justiça Divina faz-se por intermédio da Lei de Causa e Efeito.

Os sofrimentos podem ser de natureza física ou moral e atingem indiferentemente os Espíritos encarnados. Já os desencarnados, por estarem desprovidos do corpo material, sofrem apenas dores morais, muito embora tais padecimentos sejam, muitas vezes, superlativamente mais pungentes do que os experimentados pelos chamados "vivos". Já os "mortos" nessas condições, ainda inscientes de seu desenlace, experimentam tais aflições como se ainda estivessem na carne.

Os sofrimentos que atingem os Espíritos em estágio na vida material geralmente decorrem da expiação de erros praticados em encarnações anteriores, expiação essa que, via de regra, é escolhida livremente por eles próprios antes de retornarem ao corpo físico.

---

[72] IRMÃO X (Espírito). *Cartas e crônicas*. Psicografado por Francisco C. Xavier. cap. 6.

Há sofrimentos, porém, que não derivam de erros praticados no pretérito reencarnatório: são apenas consequências inevitáveis da conduta do homem em sua existência atual, em virtude do seu caráter inferior.

A expiação é a pena imposta ao infrator das Leis Divinas. O sofrimento causado por essa pena é a oportunidade do resgate dos erros, que conduz à redenção espiritual. Já a provação é o teste que avalia o aprendizado na estrada da edificação espiritual.

Há casos em que os Espíritos ainda não estão aptos para escolher as provações pelas quais expiarão seus erros, em virtude de falta de evolução ou de merecimento, hipóteses em que as provas são impostas compulsoriamente.

Ressalve-se, porém, que nem todo sofrimento experimentado pelos Espíritos constitui expiação ou resgate de atos passados. Muitas vezes, o Espírito escolhe provas difíceis com o objetivo de progredir mais rapidamente. Por isso se diz que *a expiação serve sempre de prova, mas nem sempre a prova é uma expiação.*[73]

À medida que o Espírito se purifica, põe-se em condições de habitar orbes mais evoluídos, ascendendo, de forma gradual e irreversível, à perfeição. Eis a instrução de Allan Kardec, com fundamento no ensino dos Espíritos Superiores, a respeito desse tema:

---

[73] KARDEC, Allan. *O evangelho segundo o espiritismo*. cap. 5, it. 9.

> Nos mundos onde a existência é menos material do que na Terra, as necessidades são menos grosseiras e menos intensos os sofrimentos físicos. Os homens desconhecem as más paixões que, nos mundos inferiores, os fazem inimigos uns dos outros. Não tendo nenhum motivo de ódio nem de ciúme, vivem em paz, porque praticam a lei de justiça, amor e caridade. Não conhecem os aborrecimentos e os cuidados que nascem da inveja, do orgulho e do egoísmo e que constituem o tormento de nossa existência terrestre.[74]

Não podemos perder de vista que estamos reencarnados num mundo inferior, ao qual estamos retidos em virtude de nossas imperfeições. Toda vez que formos atingidos em nossos interesses mais caros, sejam eles morais ou materiais, lembremo-nos da advertência que vem do Alto:

> [...] Aquele que se elevar, pelo pensamento, de modo a abranger toda uma série de existências, verá que cada um recebe a parte que merece, sem prejuízo da que lhe tocará no mundo dos Espíritos, e que a Justiça de Deus nunca se interrompe.[75]

[74] KARDEC, Allan. *O livro dos espíritos*. Comentário de Kardec à questão 985.

[75] *Id. O evangelho segundo o espiritismo*. cap. 5, it. 7.

A partir desse entendimento, é lícito deduzir que, se pertencêssemos a um orbe mais adiantado, não passaríamos por essas provações e que só depende de nós o acesso a esses mundos melhores, desde que trabalhemos pela nossa elevação. Enquanto não estiver bastante adiantado, o Espírito continuará reencarnando na Terra.

Ressalve-se que, mesmo merecendo a ascensão para um mundo melhor, o Espírito que não completou determinada missão pode pedir uma nova existência na Terra para concluí-la, circunstância em que tal existência não representará para ele uma expiação.

Aquele que, mesmo sem praticar o mal, nada fez para se melhorar, permanece estacionário em seu progresso, prolongando os sofrimentos decorrentes de sua expiação. Sem a atividade, sem o trabalho na causa do bem, não há progresso moral. Essa é a razão pela qual os benfeitores advertem:

> [...] A soma da felicidade futura é proporcional à soma do bem que tenha feito; a da infelicidade está na razão do mal que haja praticado e das pessoas a quem tenha infelicitado.[76]

Todo aquele que, pelo seu caráter, for causa de infelicidade a outrem, também experimentará na mesma proporção o mal que tenha feito o outro sofrer. Daí a importância de

[76] KARDEC, Allan. *O livro dos espíritos*. q. 988.

ficarmos atentos às nossas atuais tendências, que são indícios do mal que precisamos corrigir em nós:

> O homem traz consigo, ao nascer, aquilo que adquiriu; nasce como se fez. Cada existência é, para ele, um novo ponto de partida. Pouco lhe importa saber o que foi antes: se é punido, é porque fez o mal. Suas atuais tendências más indicam o que lhe resta corrigir em si próprio e é nisso que deve concentrar-se toda a sua atenção, pois, daquilo de que se corrigiu completamente, não restará mais nenhum sinal. As boas resoluções que tomou são a voz da consciência, que o adverte do que é bem e do que é mal, dando-lhe forças para resistir às tentações.[77]

É por intermédio das provações bem suportadas, nas diversas encarnações, que os Espíritos adiantam-se na senda do progresso, superando suas imperfeições, e, por meio das expiações, quitam suas faltas e purificam-se:

> [...] Aquele, pois, que sofre muito, deve reconhecer que muito tinha a expiar e alegrar-se à ideia de ser logo curado. Depende dele, pela resignação, tornar proveitoso o seu sofrimento

[77] KARDEC, Allan. *O evangelho segundo o espiritismo*. cap. 5, it. 11.

> e não lhe estragar o fruto com as suas impaciências, pois, do contrário, terá de recomeçar.[78]

Em suma, as penas temporais dizem respeito às expiações e às provações pelas quais os Espíritos encarnados passam, com o objetivo de resgatarem suas faltas e progredirem. Se o mal e o sofrimento ainda prevalecem na Terra, não devemos culpar a ninguém senão a nós mesmos, todavia, não estamos desvalidos dos recursos divinos para modificar esse estado de coisas, os quais atestam a misericórdia e a bondade do Criador, que jamais fecha a porta ao arrependimento e à recuperação de seus filhos, que somos todos nós.

---

[78] KARDEC, Allan. *O evangelho segundo o espiritismo*. cap. 5, it. 10.

11

ARREPENDIMENTO, EXPIAÇÃO E REPARAÇÃO

Habitualmente, consideramos o arrependimento e a expiação como consequências do mal praticado, que origina o sofrimento. Mas por que realmente sofremos? Os benfeitores do Espaço ensinam que "o sofrimento é inerente à imperfeição"[79], sofrimento esse que ocorre tanto no mundo corporal quanto no Mundo Espiritual. Infere-se daí que o mal e o sofrimento estão intimamente relacionados à imperfeição, que denota ignorância em seu sentido mais amplo.

Criados simples e ignorantes, os Espíritos necessitam da experiência na carne, onde, pela ação da matéria e sob a forja das infinitas experiências, desenvolvem suas potencialidades armazenadas em gérmen no âmago de cada um.

Não sem razão ensinam os mentores do Espaço que, para chegar ao bem, os Espíritos passam "não pela fieira do mal, mas pela da ignorância".[80] Enfim, tanto o mal como o sofrimento decorrem da infração das Leis Divinas pelo homem, que deve exercitar seu livre-arbítrio, por meio do qual aprende

[79] KARDEC, Allan. *O céu e o inferno*. Primeira parte, cap. 7, Código penal da vida futura, it. 33º, subit. 1º.

[80] *Id. O livro dos espíritos*. q. 120.

a ser responsável e a discernir o certo do errado, colhendo de seus próprios atos, de acordo com a lei do merecimento, os benefícios e os ônus de seus acertos e de seus erros.

Se na sociedade são mais numerosas as classes sofredoras do que as felizes, isso se dá porque a Terra é um orbe de expiação e provas, das quais o homem se libertará "quando a houver transformado em morada do bem e de Espíritos bons".[81]

Quase sempre, o homem é o próprio causador de seus sofrimentos materiais e morais, sobretudo desses últimos, que são as torturas da alma. O arrependimento constitui o pesar por alguma falta cometida, o qual se confunde com o remorso, estado de consciência em que o Espírito começa a se questionar sobre a própria atitude.

O arrependimento autêntico é aquele em que a criatura, encontrando-se em abatimento moral, admite o próprio erro e propõe-se sinceramente a modificar o comportamento. Todavia, como se verá, o arrependimento não basta por si mesmo.

Muito embora o arrependimento também ocorra no estado corpóreo, se o Espírito já consegue distinguir o bem do mal, é após a morte física que ele se dá com maior intensidade. É quando, livre dos grilhões da carne, percebe mais nitidamente a situação em que se encontra pela perscrutação dos próprios atos, recapitulados em sua tela mental, como se fossem um filme da própria vida, momento em que passa

[81] KARDEC, Allan. *O livro dos espíritos*. q. 931.

a compreender melhor as imperfeições que atrapalham sua felicidade.

A consequência do arrependimento do Espírito no estado de desencarnado é o desejo ardente de uma nova existência física para se depurar, na qual terá, sob a capa do esquecimento, a oportunidade de expiar e reparar suas faltas, muitas vezes junto daqueles a quem prejudicou. Já o arrependimento do ser no estado corpóreo desperta o desejo de iniciar uma nova vida, de aproveitar o tempo perdido para o resgate das faltas.

A redenção espiritual é uma fatalidade para as criaturas, em virtude da lei do progresso. Quem for mau hoje, será bom amanhã; quem for bom hoje, será melhor ainda depois. Todavia, essa redenção, além de ocorrer de forma gradual, não acontece do mesmo modo e no mesmo tempo, em virtude da diversidade do progresso de cada um. Essa é a razão pela qual o arrependimento nem sempre sucede de pronto, sobretudo em Espíritos endurecidos. Um dia, entediados de fazer o mal, eles próprios desejarão modificar sua situação.

Deus nos concede inúmeras oportunidades de progresso, mas nem sempre estamos dispostos a atender a esses apelos de amor que chegam do Alto. Como a lei do progresso não se compadece com a estagnação, os que permanecerem estacionados, mesmo que não façam o mal, serão compelidos a adiantar-se pelo aguilhão da dor.[82] Daí ser um erro acredi-

[82] KARDEC, Allan. *O livro dos espíritos*. q. 995.

tar que a reencarnação constitua um estímulo ao adiamento da renovação moral do Espírito, porque "quanto mais nos demorarmos na reparação de uma falta, tanto mais penosas e rigorosas serão, no futuro, as suas consequências".[83]

O arrependimento, porém, constitui apenas o primeiro passo. Ele atenua as dores da expiação, acordando a esperança no caminho da reabilitação. Portanto, para apagar os vestígios de uma falta e suas consequências, é necessário um ciclo completo: arrependimento, expiação e reparação.

Após a desencarnação, o Espírito continua a ser o que é, com seus defeitos e suas virtudes. Não se purifica pelo simples fato de ter morrido. As preces dirigidas a ele só têm efeito quando se arrepende do mal cometido. Até que se ache esclarecido pelo estudo e pela reflexão, continuará experimentando os efeitos de sua rebeldia.

Já a expiação "consiste nos sofrimentos físicos e morais que lhe são consequentes, seja na vida atual, seja na vida espiritual após a morte, ou ainda em nova existência corporal".[84] Pela expiação, sobretudo aquela ocorrida na existência corpórea, o Espírito experimenta o que fez o outro padecer, método pedagógico que geralmente é escolhido pelo próprio infrator no Mundo Espiritual antes de encarnar, que o faz

---

[83] KARDEC, Allan. *O céu e o inferno*. Primeira parte, cap. 7, *Código penal da vida futura*, it. 27º.

[84] *Id., ibid.*, it. 17º.

compreender como é a dor do outro, para que não incida mais no mesmo erro:

> [...] É na vida corpórea que o Espírito repara o mal de anteriores existências, pondo em prática resoluções tomadas na vida espiritual. Assim se explicam as misérias e vicissitudes mundanas que, à primeira vista, parecem não ter razão de ser. Justas são elas, no entanto, como espólio do passado – herança que serve à nossa romagem para a perfectibilidade.[85]

Por isso, a expiação não deve ser considerada um castigo, na acepção tradicional do termo, mas uma oportunidade de crescimento e de autossuperação diante das provas.

Vencidas as etapas do arrependimento e da expiação, resta ao Espírito o passo final a ser dado: a reparação do mal cometido, que "consiste em fazer o bem àqueles a quem se havia feito o mal".[86]

Nunca é demais lembrar que os Espíritos em evolução, entre os quais nos incluímos, não estão sós nessa jornada. Todos recebemos o amparo dos protetores espirituais que trabalham incessantemente para nos auxiliar no soerguimento moral, sem, entretanto, interferirem em nosso livre-arbítrio,

---

[85] KARDEC, Allan. *O céu e o inferno*. Primeira parte, cap. 7, *Código penal da vida futura*, it. 31º.

[86] *Id.*, *ibid.* it. 17º.

pois "o Espírito deve progredir por *impulso da própria vontade*, nunca por qualquer sujeição".[87]

A reencarnação é mecanismo eficiente das Leis Divinas, que permite ao Espírito em evolução a reparação do mal cometido, em circunstâncias adequadas às suas reais necessidades, diante de provas a serem vencidas. Muitos males podem ser reparados na mesma existência física. Outros, porém, pela sua intensidade e gravidade, somente podem ser corrigidos no curso de duas ou mais encarnações, e, às vezes, apenas no curso dos milênios, numa espécie de moratória concedida ao infrator. Ou seja, o Criador "sempre deixa aos filhos uma porta aberta ao arrependimento".[88]

Intrigado com essa questão, Allan Kardec perguntou aos instrutores da Vida Maior se podemos, já na existência atual, resgatar nossas faltas, oportunidade em que eles responderam, positivamente, ressalvando:

> Sim, reparando-as. Mas, não creiais em resgatá-las por meio de algumas privações pueris, ou mediante doações póstumas, quando de nada mais precisais. Deus não leva em conta um arrependimento estéril, sempre fácil e que apenas custa o esforço de bater no peito. A perda de um dedo mínimo, quando se esteja prestando

[87] KARDEC, Allan. *O céu e o inferno*. Primeira parte, cap. 7, *Código penal da vida futura*, it. 20º.

[88] *Id. O livro dos espíritos*. q. 171.

> um serviço, apaga mais faltas do que o suplício da carne suportado durante anos, sem outro objetivo senão o bem de si mesmo.
>
> Só por meio do bem se repara o mal e a reparação não apresenta nenhum mérito se não atinge o homem no seu orgulho, nem nos seus interesses materiais.[89]

Os desafios da existência física são um convite permanente ao exercício do bem, que consiste na prática da *caridade* segundo o entendia Jesus: "benevolência para com todos, indulgência para as imperfeições dos outros, perdão das ofensas".[90] Tomando como propósito de vida tal recomendação, estaremos impulsionando o nosso progresso espiritual, de forma perene e segura, sem as algemas das ilusões terrenas, com a certeza de que nunca é tarde para recomeçar a construção de um novo futuro, sem arrependimentos e expiações!

---

[89] KARDEC, Allan. *O livro dos espíritos*. q. 1.000.

[90] *Id. ibid.* q. 886.

12

DURAÇÃO DAS PENAS FUTURAS

A pena, forma jurídica pela qual o Estado reprime a violação da ordem social, vem sofrendo diversas mutações, à medida que as instituições humanas vão progredindo no decurso do tempo. Atualmente, parece haver um consenso de que a pena deveria ter finalidade pedagógica, não sendo mais viável utilizá-la como instrumento de mera punição ou vingança, como ocorria no pretérito, mas sim como forma de recuperar e reinserir o transgressor na sociedade.

Em um Congresso Penal e Penitenciário, realizado no ano de 1930, em Praga, capital da antiga Checoslováquia, Kellerharls, experimentado diretor de penitenciária, externou um pensamento que antecipou em muitas décadas a preocupação da sociedade contemporânea a respeito da aplicação das penas. Disse ele, na ocasião:

> Devo declarar que jamais encontrei, no curso de minha experiência, um indivíduo verdadeiramente incorrigível. Nos casos em que não logrei a desejada influência sobre o prisioneiro, tive a impressão de que isso decorria de nossa própria culpa, pelo simples fato de não termos sabido

> encontrar o método adequado para conquistar o prisioneiro com êxito.[91]

Atualmente, as leis humanas estabelecem alguns critérios objetivos para quantificar as penas do infrator, entre eles a gravidade da culpa, os antecedentes, a conduta social, a personalidade do agente, os motivos, as consequências e as circunstâncias em que o crime foi cometido, bem como o comportamento da vítima.

E as Leis Divinas? Quais seriam os critérios definidores do tempo de duração das penas dos Espíritos? É sabido que, muito acima dos sistemas legais perecíveis dos homens, prevalece a justiça indefectível de Deus. O Criador nunca age por capricho, pois tudo no Universo é regido por leis soberanas e imutáveis que revelam a sabedoria e a bondade divinas. Deus não criou os seres eternamente votados ao mal, razão por que jamais fecha a porta ao arrependimento e à reabilitação do Espírito infrator.

A duração do sofrimento decorrente da infração das Leis Divinas é determinada pelo tempo necessário ao melhoramento do culpado, que lavra contra si a própria sentença, pois tem como juiz a consciência, na qual estão insculpidas essas leis.

---

[91] OLIVEIRA, Delphim Salum de. Pena de morte: sua inutilidade e sua ineficácia. *Revista do Ministério Público do Estado do Sergipe*. ano VII, n. 13, p. 78.

Portanto, o estado de sofrimento e de felicidade é proporcional ao grau de pureza do Espírito[92]. À medida que progride, seus sofrimentos diminuem e modificam-se. A lei que rege a duração das penas é eminentemente sábia e benevolente, pois subordina essa duração aos esforços ou vontade do próprio Espírito, que sempre conserva o livre-arbítrio para agir dessa ou daquela maneira, de modo que sofre as consequências, boas ou más, de suas escolhas, aprendendo a se responsabilizar por seus atos.

Não há como negar a lei do progresso. Criados simples e ignorantes, todos os Espíritos devem progredir num tempo mais ou menos longo, por seus méritos. Ou seja, todos arrependem-se e melhoram-se, passando pelo filtro das reencarnações, que é mecanismo eficiente das Leis Divinas, as quais sempre oferecem ensejo à reparação do mal cometido, em circunstâncias adequadas às reais necessidades de cada criatura.

Ainda que o Espírito pretenda permanecer na maldade e na ignorância, chega um tempo em que ele próprio sente uma irresistível necessidade de sair da escuridão em busca da luz. São os Espíritos de arrependimento tardio.

A doutrina das penas eternas,[93] tal qual a do inferno de chamas, prosperou enquanto o temor podia constituir um freio para as criaturas humanas de escasso entendimento intelecto-moral, que faziam de Deus, de seus atributos e da

---

[92] KARDEC, Allan. *O livro dos espíritos*. Questões 1.003 a 1.009.

[93] *Id. O céu e o inferno*. Primeira parte, cap. 6.

vida futura uma ideia muito imperfeita e vaga. À medida que o Espírito foi adquirindo as luzes do conhecimento e da experiência, passou a compreender melhor os aspectos espirituais.

As lições deixadas por Jesus constituem um novo paradigma, que veio substituir o antigo, baseado na crença em um Deus cruel e vingativo, pelo novo, firmado na crença em um Deus sábio, justo, clemente e amoroso.

Grande parte dos ensinos do Mestre ainda não foi compreendida, porque o progresso moral ocorre de forma lenta e gradativa, a reboque do progresso do intelecto. Devido a essa evolução incipiente dos homens, é que Jesus, falando para o futuro, expressou muitas de suas lições por meio de parábolas, que um dia seriam desveladas, quando o homem tivesse ampliado sua capacidade de discernimento.

Ao Espiritismo cabe essa imensa tarefa de levar aos corações sofridos, às almas sedentas de conhecimento, o verdadeiro sentido de certos ensinos de Jesus, que, com o advento das luzes da Ciência, podem ser mais facilmente apreendidos pelos homens.

Imaginar que uma alma possa ser condenada irremissivelmente seria o mesmo que admitir que as Leis Divinas fossem menos benignas e justas do que as leis humanas, as quais estabelecem atenuantes para determinados crimes e instituem um regime de progressão de penas mais severas para penas mais brandas, com fundamento no bom comportamento do infrator.

Ademais, admitir a existência de sanções eternas seria duvidar da equidade e da perfeição do Criador, visto que tais penas seriam sempre desproporcionais, por pior que fosse o ato cometido numa curta existência física. Se assim fosse, Deus teria falhado ao criar almas, sabendo-as de antemão irrecuperáveis e condenadas ao eterno suplício.

Nunca é demais relembrar que, entre os antigos, a palavra "eternidade" tinha um sentido diferente do que lhe é emprestado na atualidade. Significava um tempo muito longo, mas não perpétuo, como se entende hoje em dia. A rigor, a crença na doutrina das penas eternas conduz ao seguinte dilema: "ou Deus é perfeito, e não há penas eternas, ou há penas eternas, e Deus não é perfeito".[94] Bem, por isso o dogma da eternidade absoluta das penas é incompatível com o progresso das almas, pois, se essas progridem, não há razão para impor a elas penas sem fim.

No que diz respeito às penas futuras, a Doutrina Espírita baseia-se nas observações dos fatos e não em teorias preconcebidas. São os próprios Espíritos que vêm do Espaço contar aos homens, pelos médiuns, a sua situação feliz ou infeliz, descrevendo em detalhes como se sentem após o decesso físico, à feição de mensageiros a complementarem os ensinamentos do Cristo sobre esse e outros pontos.

---

[94] KARDEC, Allan. *O céu e o inferno*. Primeira parte, cap. 6, it. 15.

Os Espíritos da Codificação resumem o *Código penal da vida futura* em 33 pontos, os quais são descritos ao final do capítulo 7, da primeira parte da obra *O céu e o inferno,* dos quais destacamos os seguintes, que dizem respeito à duração das penas infligidas ao Espírito infrator:

> 12.º – Não há regra absoluta nem uniforme quanto à natureza e duração do castigo; a única lei geral é que toda falta terá punição, e terá recompensa todo ato meritório, *segundo o seu valor.*
>
> 13.º – A duração do castigo depende da melhoria do Espírito culpado. Nenhuma condenação por tempo determinado lhe é prescrita. O que Deus exige por termo de sofrimentos é um melhoramento sério, efetivo, sincero, de volta ao bem.
>
> *Deste modo, o Espírito é sempre o árbitro da própria sorte, podendo prolongar os sofrimentos pela pertinácia no mal, ou suavizá-los e anulá-los pela prática do bem.* (Grifamos.)[95]
>
> Uma condenação por tempo predeterminado teria o duplo inconveniente de continuar o martírio do Espírito renegado, ou de libertá-lo do sofrimento quando ainda permanecesse no mal. Ora, Deus, que é justo, só pune o mal *enquanto existe*, e deixa de o punir *quando não existe mais*;

[95] KARDEC, Allan. *O céu e o inferno.* Primeira parte, cap. 7, *Código penal da vida futura*, it. 13º.

> por outra, o mal moral, sendo por si mesmo causa de sofrimento, fará este durar enquanto subsistir aquele, ou diminuirá de intensidade à medida que ele decresça.[96]

Em suma, os critérios divinos para a reparação das faltas e a duração das penas respectivas são extremamente justos e proativos, e, ao que tudo indica, estão inspirando os pesquisadores contemporâneos, que têm buscado métodos alternativos eficientes de recuperação do infrator, por exemplo, no caso da chamada "justiça restaurativa"[97], que, ao mesmo tempo em que dá uma resposta adequada ao comportamento delituoso, também estimula o exercício do perdão por parte do ofendido e abre ao ofensor a oportunidade de arrepender-se e de reparar os danos causados pelo crime.

---

[96] KARDEC, Allan. *O céu e o inferno*. Primeira parte, cap. 7, *Código penal da vida futura*, it. 13º.

[97] ZEHR, Howard. *Trocando as lentes:* um novo foco sobre o crime e a justiça. Justiça restaurativa.

13

RESSURREIÇÃO DA CARNE

Será possível uma pessoa tornar à vida, mesmo depois de literalmente morta, isto é, após o desligamento definitivo entre corpo e Espírito? Se isso fosse possível, estaríamos diante de algo extraordinário, em oposição a uma Lei Divina básica, que trata com absoluta equidade todos os seres humanos: a perecibilidade do corpo físico, cujo propósito é a renovação do Espírito em sua trajetória evolutiva, se faz por etapas.

Talvez por isso pareça tão estranho a nós outros, estudiosos dos princípios espirituais, constatar pessoas gastando milhões de dólares com a criogenia humana, na esperança de que, num futuro incerto, seus corpos possam ser descongelados e ressuscitados, seja para a eliminação de doenças atualmente incuráveis, seja para alcançar uma utópica imortalidade na carne, que, se possível fosse, mais se assemelharia a uma "maldição" do que a uma bênção.

A palavra "ressurreição", do ponto de vista semântico, é um termo equívoco ou polissêmico, isto é, possui mais de um significado ou interpretação. No sentido tradicional do termo, é mais conhecida como o "ato de ressurgir ou reaparecer vivo depois de ter morrido; restituição do morto à vida".[98] Dizem os que defendem essa tese – da volta do Espírito a um corpo já morto – que para Deus nada é impossível e que existem "milagres", como aqueles atribuídos a Jesus e descritos no Novo Testamento: *Lucas,* 7:11 a 17 (*O filho da viúva de Naim*); *Mateus*, 9:23 a 26 (*A filha de Jairo*), sendo o caso mais conhecido o da ressurreição de Lázaro, em *João*, 11:1 a 46.

Não se desconhece o poder do Criador, mas teria ele realmente necessidade de revogar as próprias Leis, tão somente para provar o seu poder, de modo a agradar ou convencer criaturas céticas e ignorantes quais nós, ainda matriculadas nas primeiras lições do alfabeto do Espírito?

Para decepção dos que cultuam o "maravilhoso", é preciso informar que o fenômeno descrito no Novo Testamento não é nenhum milagre, pois aqueles personagens bíblicos não estavam efetivamente mortos.[99] Possivelmente, experimentaram os efeitos de outra lei natural, a faculdade de emancipação ou desdobramento da alma, que ocorre por meio da catalepsia e da letargia, desconhecidas da Medicina naquele recuado período, época em que o diagnóstico da morte era aferido pela simples parada cardíaco-respiratória e não pela cessação

---

[98] *Dicionário brasileiro da língua portuguesa*. Verbete *ressurreição*.

[99] KARDEC, Allan. *A gênese*. cap. 14, itens 29 e 30, *Catalepsia. Ressurreições*; 35 a 39 *Aparições. Transfigurações;* e cap. 15, it. 37, *A filha de Jairo*; 38 a 40, *O filho da viúva de Naim* (e a ressurreição de Lázaro).

do funcionamento do tronco encefálico, critério atualmente aceito pela comunidade científica.[100]

Teólogos humanos, quase sempre distanciados das leis naturais, adotaram também, para o termo "ressurreição", a conotação escatológica, fundada na interpretação literal da Bíblia: a ressurreição dos mortos no dia do "Juízo Final", ignorando que "muitas vezes a palavra de Jesus era alegórica e em forma de parábolas, porque Ele falava de acordo com a época e os lugares",[101] até o momento em que "a Ciência, de um lado, e o Espiritismo, de outro, revelassem as novas Leis da Natureza, tornando compreensível o seu verdadeiro sentido".[102]

Em vista disso, o Espiritismo perfilha uma interpretação racional para o fenômeno da ressurreição da carne, no dia do "Juízo Final":

> A ressurreição dos mortos no último dia, no fim dos tempos, é uma alegoria judaica de que Jesus se serviu, como de tantos outros elementos

---

[100] A catalepsia e a letargia são uma espécie de sono físico de ordem patológica. Caracterizam-se pela perda temporária da sensibilidade e do movimento do corpo físico, que assume, de forma transitória, a aparência da morte biológica. Há registros, ainda na atualidade, de pessoas sepultadas vivas, por terem sido diagnosticadas equivocadamente como mortas. (Para mais informações, remetemos o leitor ao artigo de nossa autoria, sob o título *Letargia, catalepsia, mortes aparentes*, publicado na revista *Reformador* do mês de novembro de 2008, p. 29(427)-31(429).

[101] KARDEC, Allan. *O livro dos espíritos*. q. 627.

[102] *Id. O evangelho segundo o espiritismo*. cap. 24, it. 6.

> do Judaísmo, para ensinar o sentido verdadeiro da morte como transição ou passagem de um mundo para outro, do mundo material para o espiritual. O *último dia* é apenas aquele em que morremos.[103] (Grifei.)

Portanto, a crença na "ressurreição" como volta do Espírito ao mesmo corpo, após o "Juízo Final", também não tem respaldo científico, pois os despojos do organismo humano não se conservam homogêneos, os quais se decompõem em seus elementos químicos, que vão ser utilizados para a estruturação de novos corpos.[104]

Conforme orientam os Espíritos da Codificação, o dogma da ressurreição da carne, tomado em seu real sentido, é a consagração da imortalidade e da reencarnação ensinadas pelos Espíritos Superiores:

> A reencarnação fazia parte dos dogmas dos judeus, sob o nome de *ressurreição*. Somente os saduceus, que pensavam que tudo acabava com a morte, não acreditavam nisso. As ideias dos judeus sobre esse ponto, como sobre muitos outros, não eram claramente definidas, porque só tinham noções vagas e incompletas acerca da alma e da sua ligação com o corpo. Acreditavam

---

[103] PIRES, J. Herculano. *Educação para a morte*. p. 159.

[104] KARDEC, Allan. *O livro dos espíritos.* Comentário de Allan Kardec à questão 1.011.

> que um homem que vivera podia reviver, sem saberem precisamente de que maneira o fato poderia dar-se. Designavam pelo termo *ressurreição* o que o Espiritismo, mais judiciosamente, chama *reencarnação*. Com efeito, a *ressurreição* pressupõe o retorno à vida do corpo que já está morto, o que a Ciência demonstra ser materialmente impossível, sobretudo quando os elementos desse corpo já se acham desde muito tempo dispersos e absorvidos. A *reencarnação* é a volta da alma ou Espírito à vida corpórea, mas em outro corpo, novamente formado para ele e que nada tem de comum com o antigo. A palavra *ressurreição* podia assim aplicar-se a Lázaro, mas não a Elias, nem aos outros profetas. Se, portanto, segundo a crença deles, João Batista era Elias, o corpo de João não podia ser o de Elias, pois que João fora visto criança e seus pais eram conhecidos. João, pois, podia ser Elias *reencarnado*, porém, não *ressuscitado*.[105]

Toda vez que se pronuncia o termo ressurreição, logo o associamos ao fenômeno do reaparecimento de Jesus entre os homens após a tragédia do gólgota, que via de regra é interpretado como o ressurgimento do Mestre com o mesmo corpo material que utilizara em sua sublime missão terrena.

---

105 KARDEC, Allan. *O evangelho segundo o espiritismo*. cap. 4, it. 4.

Todavia, mais uma vez, é preciso colocar as coisas no seu devido lugar. A "ressurreição" de Jesus não tem nada em comum com o que aconteceu com o filho da viúva de Naim, com a filha de Jairo ou com Lázaro. O que os apóstolos e outras pessoas viram não foi o corpo físico de Jesus, e sim o seu Espírito momentaneamente materializado.

Em abono dessas afirmações, encontramos os seguintes esclarecimentos do escritor espírita Severino Celestino da Silva, professor da disciplina "Ciências das Religiões", pela Universidade Federal da Paraíba, que assim resume a posição espírita:

> Quem ressuscita é o perispírito. É ele o molde do corpo, constituído de matéria quintessenciada, funcionando como o intermediário entre o corpo físico e o espírito, durante a vida corpórea, portanto, *é o que vemos após a morte*. Foi o perispírito do Cristo que foi visto no terceiro dia e não o seu corpo. O corpo que serviu de morada ao espírito não pode ser visto, após a morte, pois volta à terra que o originou e por ela é destruído.
>
> E assim, o que se chama de ressurreição é o mesmo que reencarnação, e como vimos, segundo Daniel e Ezequiel, ela ocorre na terra e não no Mundo Espiritual, e ocorre todos os dias conforme afirma Paulo aos hebreus, 9:27: *após a morte ocorre o juízo*.

> Ficando a verdadeira e conhecida "ressurreição do último dia" como sinônimo de "estágio final de evolução" em nosso planeta. *A ressurreição do último dia será a conquista espiritual suprema obtida por nós*. Após ela, não haverá mais necessidade de reencarnação.[106] (Grifo nosso.)

Em suma, a ressurreição da carne é a própria reencarnação, corolário da imortalidade do Espírito, princípio encontrado em inúmeras passagens dos textos bíblicos (Velho e Novo Testamentos), sob a forma alegórica.

A seu turno, a ressuscitação física de um ser que ainda não desencarnou é de efeito temporário, pois a lei natural da morte biológica atinge a todos indistintamente, e até Jesus a esta se submeteu dentro da ordem da normalidade das coisas.

Já a ressurreição espiritual é o retorno do ser ao Mundo Espiritual de onde veio, antes da encarnação, podendo se fazer visível e até tangível aos encarnados, conforme as circunstâncias a que dão ensejo as Leis Divinas.

Finalizando, nunca é demais recordar que, num outro sentido espiritual, temos a oportunidade de ressuscitar todos os dias para a melhoria de nossas condições morais, exercitando os legítimos valores da vida, corrigindo em nós os vícios que entorpecem as potências do Espírito destinado ao progresso e à felicidade plena.

---

106 SILVA, Severino Celestino da. *Analisando as traduções bíblicas:* refletindo a essência da mensagem bíblica. cap. 16, p. 232.

14

MORADAS DO ESPÍRITO

Há longo tempo questiona-se sobre o real significado da máxima "Há muitas moradas na casa de meu Pai" (*João*, 14:2). O Espiritismo, revelando o princípio da pluralidade dos mundos habitados, alargou o conceito, situando as "moradas do Pai" nos mundos físicos que formam o Universo, onde vivem e progridem outras comunidades humanas. Localizou, ainda, tais moradas nos planos espirituais superiores, intermediários e inferiores, onde a vida pulsa com a mesma intensidade dos grandes centros urbanos da Terra. Mas não ficou só nisso, esclareceu que as moradas também representam as infinitas faixas evolutivas do psiquismo, onde se agitam pensamentos e sentimentos em vasta gama, a expressar o estado feliz ou infeliz do Espírito.

O conceito de moradas como departamentos da mente possui estreita relação com a temática "paraíso, inferno, purgatório, paraíso perdido e pecado original".[107] Por que tais ideias, sobretudo paraíso e inferno, andam tão desacreditadas?

O homem está sedento de conhecimentos e não se contenta mais com dogmas impostos pela teologia humana, que embutem promessas vazias de um céu beatífico, a ser

[107] KARDEC, Allan. *O livro dos espíritos*. Questões 1.012 a 1.019.

conquistado com a prática de meros rituais exteriores, ou que pregam a existência de um inferno terrível, como destino fatal e irrevogável daqueles que cometem erros em uma única existência física.

Os Espíritos Superiores ensinam que não há um lugar restrito no Universo destinado às penas e aos gozos dos Espíritos. Em realidade, as penas e os gozos refletem o grau de perfeição do Espírito. Quanto mais atrasado em moralidade, mais sujeito aos sofrimentos. Quanto mais adiantado, mais livre e feliz.

Portanto, como a felicidade e a infelicidade constituem verdadeiras "moradas" ou criação dos Espíritos, os quais estão por toda parte, é lícito dizer que não há nenhum lugar limitado que se destina a uns ou a outros. De fato, a noção de céu e inferno, em seu conceito tradicional, como regiões localizadas no alto e embaixo, respectivamente, encontra-se superada pelo avanço das ciências, que destruiu a ideia de que a Terra era o centro do Universo.[108]

Os Espíritos Superiores definiram o paraíso ou o céu como

> [...] o espaço universal; são os planetas, as estrelas e todos os mundos superiores, onde os Espíritos gozam de todas as suas faculdades, sem as

---

108 KARDEC, Allan. *O livro dos espíritos*. q. 1.017.

tribulações da vida material, nem as angústias inerentes à inferioridade.[109]

Os dicionários humanos não contêm palavras suficientes para explicar a felicidade dos que conquistaram o céu em si mesmos:

A suprema felicidade consiste no gozo de todos os esplendores da Criação, que nenhuma linguagem humana jamais poderia descrever, que a imaginação mais fecunda não poderia conceber. Consiste também na penetração de todas as coisas, na ausência de sofrimentos físicos e morais, numa satisfação íntima, numa serenidade da alma imperturbável, no amor que envolve todos os seres, e portanto na ausência de atrito proveniente do contato com os maus, e, acima de tudo, na contemplação de Deus e na compreensão dos seus mistérios revelados aos mais dignos. A felicidade também existe nas tarefas cujo encargo nos faz felizes. Os puros Espíritos são os messias ou mensageiros de Deus pela transmissão e execução de suas vontades. Preenchem as grandes missões, presidem à formação dos mundos e à harmonia geral do Universo, tarefa gloriosa a que se não chega senão pela perfeição. Os da ordem mais elevada são os únicos a possuírem os segredos

[109] KARDEC, Allan. *O livro dos espíritos*. q. 1.016.

> de Deus, inspirando-se no seu pensamento, de que são diretos representantes.[110]

Em suma, pode-se dizer que o céu está no interior de todos aqueles que ultrapassaram as fronteiras do animalismo e que atingiram um grau de desenvolvimento espiritual superior, que lhes dá ampla liberdade, em harmonia com as Leis Divinas.

O inferno, por sua vez, tal qual acontece com o céu, ainda é considerado por muitas pessoas como um lugar físico ou geográfico. Geralmente, o seu endereço é imaginado como o centro da Terra, suposta morada de Satã, o personagem-símbolo do mal, que, de posse de seu tridente, manteria os condenados nas fornalhas ardentes ou em lagos de enxofre e fogo, em eterno sofrimento. Sob esse ponto de vista, o "*inferno* pode traduzir-se por uma vida de provações extremamente dolorosa, com a *incerteza* de haver outra melhor".[111]

Desde os primórdios, o homem sempre cultivou, intuitivamente, a crença na vida futura, e acreditou que, após a morte, seria premiado ou castigado, conforme agisse bem ou mal. Durante muito tempo – e ainda acontece em alguns segmentos religiosos – o inferno e o demônio foram apresentados como ameaça constante sobre a cabeça dos "fiéis", um meio de colocar freio nas maldades humanas ou de reprimi-las

[110] KARDEC, Allan. *O céu e o inferno*. Primeira parte, cap. 3, it. 12.

[111] *Id. O livro dos espíritos*. q. 1.014-a.

pelo medo, ou até como forma de manipular as massas com propósitos escusos.

Em parte, isso se devia à predominância dos instintos materiais, que induzia o homem à crença nas penas e gozos futuros, de caráter também material.[112] Com tais afirmativas, não se está a dizer que os Espíritos estejam isentos de suas faltas perante as Leis Divinas, porém, o objetivo da Criação é educar e corrigir, não simplesmente punir:

> [...] O Espiritismo não nega, pois, antes confirma, a penalidade futura. O que ele destrói é o inferno localizado, com suas fornalhas e penas irremissíveis. [...][113]

Em resumo, o inferno – mencionado por Jesus no sentido alegórico – é a representação do estado infeliz da criatura, que sofre as desditas de sua inferioridade. É a construção do próprio Espírito, que nesse estado permanece enquanto continuar infringindo as Leis Divinas.

A seu turno, o purgatório é um dogma criado pela Igreja no século VI, e não consta dos evangelhos. Inegavelmente, é muito mais coerente do que o dogma do inferno, que seria uma pena irremissível, visto que, se por um lado propaga a ideia de um castigo, admite, por outro, um futuro melhor pelo resgate das faltas. Entretanto, como toda ideia humana,

---

112 KARDEC, Allan. *O céu e o inferno*. Primeira parte, cap. 4, it. 1.

113 *Id. ibid.* Primeira parte, cap. 5, it. 8.

tais conceituações são imperfeitas, uma vez que esbarram no dogma de que essas almas dependeriam, para ser resgatadas, não do seu próprio mérito ou adiantamento, mas das preces dos que estão na Terra. É como se os desígnios do Criador estivessem subordinados aos caprichos e vontades humanas.[114]

Como registra a História, as preces pagas e a venda de indulgências deram origem à Reforma comandada por Lutero, que refutou, com veemência, tais abusos. Mas o que dizem os Espíritos Superiores sobre o purgatório? O que se deve entender por purgatório? Allan Kardec formulou esta pergunta, e obteve deles a seguinte resposta: "Dores físicas e morais: o tempo de expiação. É quase sempre na Terra que fazeis o vosso purgatório e que Deus vos faz expiar as vossas faltas".[115]

De fato, o purgatório é igualmente uma alegoria, que consiste nas provas da vida corporal, onde, como o próprio nome sugere, purgamos as imperfeições do Espírito.

Por fim, o mito do *paraíso perdido* e do *pecado original* é um arquétipo. "Não é uma ilusão, uma mentira, mas uma realidade interna da alma, que se projeta na realidade externa"[116], e, como toda alegoria, tem um sentido oculto. O *paraíso perdido* constitui a recordação intuitiva que muitos Espíritos – atualmente encarnados no planeta Terra – trazem de mundos mais evoluídos, dos quais foram exilados por sua

---

[114] KARDEC, Allan. *O céu e o inferno*. Primeira parte, cap. 5, it. 2.

[115] *Id. O livro dos espíritos*. q. 1.013.

[116] PIRES, J. Herculano. *Revisão do cristianismo*. cap. 2.

própria culpa, e o *pecado original* consiste igualmente na lembrança inata que trazem, ao renascer, dos débitos de outras encarnações e das imperfeições morais das quais ainda não se despojaram, como bem ilustrado pelo Espírito Emmanuel, no livro *A caminho da luz*,[117] e por Allan Kardec, na última obra básica, *A gênese*.[118]

Há muito, as profecias anunciam, por meio de sugestiva alegoria, "o final dos tempos", sob o signo do Evangelho: "Bem-aventurados os brandos, porque herdarão a Terra". (*Mateus*, 5:5). Mundo de expiação e provas, a Terra é um orbe de categoria moral inferior, que também enfrenta seus momentos de transição, a caminho de transformar-se em esfera de regeneração, onde, finalmente, o bem sobrepujará o mal.

Entramos em um final de ciclo, em que se processa, lenta e gradualmente, a seleção das almas, ou, como diz a metáfora, "a separação entre o joio e o trigo". Aproveitemos a oportunidade de ter reencarnado neste mundo, escola e oficina indispensáveis ao aperfeiçoamento espiritual. Trabalhando pela própria regeneração, estaremos contribuindo para a implantação definitiva do reinado da paz e do amor no orbe, que ocorrerá quando tivermos banido de nossos corações o orgulho e o egoísmo.[119]

---

[117] EMMANUEL (Espírito). *A caminho da luz*. Psicografado por Francisco C. Xavier. cap. 3.

[118] KARDEC, Allan. *A gênese*. cap. 1, it. 38.

[119] *Id. O livro dos espíritos*. q. 1.019.

CONCLUSÃO

Muito se fala em tribulações, em tragédias, em sofrimento, em crise, principalmente a de valores, em que várias pessoas são levadas a crer que não vale a pena fazer o bem. Até aqueles que se rotulam como cristãos dão sinal de desânimo, dizendo que tudo está perdido, que a sociedade está corrompida, que a Humanidade não tem conserto... Essa, porém, é a filosofia do egoísmo, do "salve-se quem puder", de quem verdadeiramente ainda não assimilou os ensinos do Cristo.

Há outros, muitos deles enquadrados na categoria de ateus, bradando: "Se existe Deus, ele não é justo! Como deixa acontecer tanta maldade no mundo?". Quando agem assim, comportam-se como crianças que choram porque tiveram seus desejos egocêntricos contrariados.

A seu turno, os que creem num Deus implacável e vingador, baseados na interpretação literal dos textos sagrados, falam de deliberações finais: ou o céu ou o inferno. Assim fosse, o céu estaria vazio, pois que todos nós, habitantes de um mundo de provas e expiações, ainda temos de desbastar em nós tantas imperfeições que apenas uma existência física não é suficiente para isso. Diz o Espírito André Luiz: "E o letrado em filosofia religiosa fala de deliberações finais e posições definitivas! Ai! Por toda parte os cultos em doutrina e os analfabetos do espírito!".[120]

Essas são visões equivocadas da vida. Acreditar nisso seria descrer na existência de um Criador soberanamente sábio, justo e bom, que vela constantemente por nós, seus filhos, que ainda cursamos as primeiras lições do alfabeto divino. Acreditar nisso seria negar o atributo da Perfeição de Deus, que teria falhado na criação e educação de seus rebentos.

Deus não criou o mal. Nós é que fizemos as escolhas erradas, o que é compreensível diante de nossa inexperiência de aprendizes. Sem o estudo das Leis Divinas, que o Espiritismo nos oferece, não é fácil compreender os verdadeiros propósitos do Criador: a imortalidade, a comunicabilidade com os Espíritos, a evolução, a reencarnação, o esquecimento do passado, a Lei de Causa e Efeito, a pluralidade dos mundos habitados, entre tantos outros princípios, que fornecem uma dimensão profunda e panorâmica da realidade que nos cerca.

Sim, há boas notícias. Há esperanças e consolações para todos. Ninguém está abandonado. Há um propósito sagrado no viver. Há um planejamento para nossas existências, e não há como pular etapas. O livre-arbítrio é o meio pelo qual Deus nos experimenta na ascensão evolutiva, fazendo com que assumamos a responsabilidade de nossos erros e colhamos

---

[120] LUIZ, André (Espírito). *Nosso Lar*. Psicografado por Francisco C. Xavier. Mensagem de André Luiz.

o resultado venturoso de nossos acertos. Diz ainda André Luiz que:

> O homem terrestre não é um deserdado. É filho de Deus, em trabalho construtivo, envergando a roupagem da carne; aluno de escola benemérita, onde precisa aprender a elevar-se. A luta humana é a sua oportunidade, a sua ferramenta, o seu livro.[121]

Acima e além do que vemos, há muito que aprender. O Pai oferece-nos, na oficina do tempo, infinitas possibilidades e oportunidades de mudar o rumo de nossas vidas ao encontro da felicidade cantada e decantada pelos poetas.

A Lei Divina é infalível e não comporta exceções. Não podemos nos iludir com supostos favorecimentos e intercessões indébitas. Deus auxilia as criaturas por meio das criaturas:

> O Espiritismo ganha expressão numérica. Milhares de criaturas interessam-se pelos seus trabalhos, modalidades, experiências. Nesse campo imenso de novidades, todavia, não deve o homem descurar de si mesmo.
>
> Não basta investigar fenômenos, aderir verbalmente, melhorar a estatística, doutrinar

---

[121] LUIZ, André (Espírito). *Nosso Lar*. Psicografado por Francisco C. Xavier. Novo amigo (mensagem assinada pelo Espírito Emmanuel).

consciências alheias, fazer proselitismo e conquistar favores da opinião, por mais respeitável que seja, no plano físico. É indispensável cogitar do conhecimento de nossos infinitos potenciais, aplicando-os, por nossa vez, nos serviços do bem.[122]

"Quem perseverar até o fim será salvo" (*Mateus*, 10:22 e 24:13; *Marcos*, 13:13). Essas palavras proféticas não são vazias de significado. Cooperando com o bem, trabalhando pelo nosso próprio aperfeiçoamento moral, estaremos a salvo de nossas próprias mazelas, estaremos desobstruindo os caminhos que nos levam à plenitude do autoconhecimento, da autoconquista.

---

[122] LUIZ, André (Espírito). *Nosso Lar*. Psicografado por Francisco C. Xavier. Novo amigo (mensagem assinada pelo Espírito Emmanuel).

REFERÊNCIAS

ÂNGELIS, Joanna de (Espírito). *Leis morais da vida*. Psicografado por Divaldo P. Franco. 9. ed. Salvador: Leal, 1999.

BORGES, A. Merci Spada. *Doutrina espírita no tempo e no espaço*. 800 verbetes especializados. 2. ed. São Paulo: Panorama comunicações, 2001.

BOTELHO, Camilo Cândido (Espírito). *Memórias de um suicida*. Psicografado por Yvonne do A. Pereira. 27. ed. 18. imp. Brasília: FEB, 2024.

CONSELHO FEDERAL DE MEDICINA. Resolução n. 1.805/2006, sobre a ortotanásia (morte natural), e Resolução n. 1.995/2012, sobre testamento vital.

DENIS, Léon. *Depois da morte*. 28. ed. 11. imp. Brasília: FEB, 2024.

DICIONÁRIO brasileiro da língua portuguesa. 4. ed. São Paulo: Enciclopédia Mirador Internacional, 1980.

EMMANUEL (Espírito). *A caminho da luz*. Psicografado por Francisco C. Xavier. 39. ed. 1. imp. Brasília: FEB, 2024.

EMMANUEL (Espírito). *Fonte viva*. Psicografado por Francisco C. Xavier. 2. ed. 2. imp. Brasília: FEB, 2024.

EMMANUEL (Espírito). *Justiça divina*. Psicografado por Francisco C. Xavier. 14. ed. 12. imp. Brasília: FEB, 2024.

EMMANUEL (Espírito). *O consolador*. Psicografado por Francisco C. Xavier. 29. ed. 13. imp. Brasília: FEB, 2024.

EMMANUEL (Espírito). *Religião dos espíritos*. Psicografado por Francisco C. Xavier. 4. ed. 12. imp. Brasília: FEB, 2023.

HOUAISS, Antônio; VILLAR, M. de S.; FRANCO, F. M. de M. *Dicionário eletrônico Houaiss da língua portuguesa*, versão 3.0. 2009.

INTERNET. Texto *As duas joias*. Disponível em http://goo.gl/z1kv1E. Acesso em: 29 dez. 2015.

IRMÃO X (Espírito). *Cartas e crônicas*. Psicografado por Francisco C. Xavier.14. ed. 10. imp. Brasília: FEB, 2024.

KARDEC, Allan. *A gênese*. Trad. Guillon Ribeiro. 53. ed. 13. imp. Brasília: FEB, 2023.

KARDEC, Allan. *O céu e o inferno*. Trad. Manuel Justiniano Quintão. 61. ed. 14. imp. Brasília: FEB, 2024.

KARDEC, Allan. *O evangelho segundo o espiritismo*. Trad. Evandro Noleto Bezerra. 2. ed. 14. imp. Brasília: FEB, 2023.

KARDEC, Allan. *O livro dos espíritos*. Trad. Evandro Noleto Bezerra. 4. ed. 14. imp. Brasília: FEB, 2025.

KARDEC, Allan. *O livro dos médiuns*. Trad. Guillon Ribeiro. 2. ed. esp. 3. reimp. Rio de Janeiro: FEB, 2011.

KARDEC, Allan. *Revista Espírita*: jornal de estudos psicológicos. ano 3, n. 3, mar. 1860. Trad. Evandro Noleto Bezerra. 4. ed. Brasília: FEB, 2024.

LUIZ, André (Espírito). *Missionários da luz*. Psicografado por Francisco C. Xavier. 45. ed. 17. imp. Brasília: FEB, 2024.

LUIZ, André (Espírito). *Nosso Lar*. Psicografado por Francisco C. Xavier. 64. ed. 19. imp. Brasília: FEB, 2024.

LUIZ, André (Espírito). *Obreiros da vida eterna*. Psicografado por Francisco C. Xavier. 35. ed. 18. imp. Brasília: FEB, 2024.

LUIZ, André (Espírito). *Sexo e destino*. Psicografado por Francisco C. Xavier e Waldo Vieira. 34. ed. 12. imp. Brasília: FEB, 2024.

OLIVEIRA, Delphim Salum de. Pena de Morte: sua inutilidade e sua ineficácia. *Revista do Ministério Público do Estado do Sergipe*, ano VII, n. 13, 1997.

PASTORINO, Carlos T. *Minutos de sabedoria*. 39. ed. Petrópolis: Vozes, 2000.

PIRES, J. Herculano. *Educação para a morte*. 9. ed. Paideia, 2004.

PIRES, J. Herculano. *Revisão do cristianismo*. 2. ed. São Paulo: Paideia, 1983.

PORTAL DW Made for minds. Disponível em: http://www.dw.com/pt/idosos-fogem-da-holanda-com-medo-da-eutanasia/a-1050812.Acesso em: 29 dez. 2015.

SCHUBERT, Suely C. *O semeador de estrelas*. Salvador: Leal, 1989.

SILVA, Severino Celestino da. *Analisando as traduções bíblicas*: refletindo a essência da mensagem bíblica. 3. ed. rev. e imp. João Pessoa: Ideia, 2001.

SILVA, Hilário (Espírito). *A vida escreve*. Psicografado por Francisco C. Xavier e Waldo Vieira. 11. ed. Brasília: FEB, 2024.

SIMONETTI, Richard. *Quem tem medo da morte?* 2. imp. Brasília: FEB; Bauru: Ceac, 1987.

VERA, Alejandro Victor Daniel. Suicídio, uma visão médica e espírita. *Reformador*, ano 134, n. 2.251, outubro 2016.

WIKIPÉDIA: Disponível em: https://pt.wikipedia.org/wiki/Suic%C3%A-Ddio. Acesso em: 29 dez. 2015.

ZEHR, Howard. *Trocando as lentes*: um novo foco sobre o crime e a justiça. Justiça restaurativa. Trad. Tônia Van Acker. São Paulo: Palas Athena, 2008.

O EVANGELHO NO LAR

Quando o ensinamento do Mestre vibra entre quatro paredes de um templo doméstico, os pequeninos sacrifícios tecem a felicidade comum.[124]

Quando entendemos a importância do estudo do Evangelho de Jesus, como diretriz ao aprimoramento moral, compreendemos que o primeiro local para esse estudo e vivência de seus ensinos é o próprio lar.

É no reduto doméstico, assim como fazia Jesus, no lar que o acolhia, a casa de Pedro, que as primeiras lições do Evangelho devem ser lidas, sentidas e vivenciadas.

O espírita compreende que sua missão no mundo principia no reduto doméstico, em sua casa, por meio do estudo do Evangelho de Jesus no Lar.

Então, como fazer?

Converse com todos que residem com você sobre a importância desse estudo, para que, em família, possam compreender melhor os ensinamentos cristãos, a partir de um momento de união fraterna, que se desenvolverá de maneira harmônica e respeitosa. Explique que as reflexões conjuntas acerca do Evangelho permitirão manter o ambiente da casa espiritualmente saneado, por meio de sentimentos e pensamentos elevados, favorecendo a presença e a influência de Mensageiros do Bem; explique, também, que esse momento facilitará, em sua residência, a recepção do amparo espiritual, já que auxilia na manutenção de elevado padrão vibratório no ambiente e em cada um que ali vive.

Convide sua família, quem mora com você, para participar. Se mora sozinho, defina para você esse momento precioso de estudo e reflexões. Lembre-se de que, espiritualmente, sempre estamos acompanhados.

Escolha, na semana, um dia e horário em que todos possam estar presentes.

O tempo médio para a realização do Evangelho no Lar costuma ser de trinta minutos.

---

[124] ESPÍRITOS DIVERSOS. *Luz no lar*. Psicografado por Francisco C. Xavier. 12. ed. 7. imp. Brasília: FEB, 2018. cap. 1.

As crianças são bem-vindas e, se houver visitantes em casa, eles também podem ser convidados a participar. Se não forem espíritas, apenas explique a eles a finalidade e importância daquele momento.

O seguinte roteiro pode ser utilizado como sugestão:

1. Preparação: leitura de mensagem breve, sem comentários;
2. Início: prece simples e espontânea;
3. Leitura: *O evangelho segundo o espiritismo* (um ou dois itens, por estudo, desde o prefácio);
4. Comentários: breves, com a participação dos presentes, evidenciando o ensino moral aplicado às situações do dia a dia;
5. Vibrações: pela fraternidade, paz e pelo equilíbrio entre os povos; pelos governantes; pela vivência do Evangelho de Jesus em todos os lares; pelo próprio lar...
6. Pedidos: por amigos, parentes, pessoas que estão necessitando de ajuda...
7. Encerramento: prece simples, sincera, agradecendo a Deus, a Jesus, aos amigos espirituais.

As seguintes obras podem ser utilizadas nesse momento tão especial:

- *O evangelho segundo o espiritismo*, como obra básica;
- *Caminho, verdade e vida; Pão nosso; Vinha de luz; Fonte viva; Agenda cristã.*

Esse momento no lar não se trata de reunião mediúnica e, portanto, qualquer ideia advinda pela via da intuição deve permanecer como comentário geral, a ser dito de maneira simples, no momento oportuno.

No estudo do Evangelho de Jesus no Lar, a fé e a perseverança são diretrizes ao aprimoramento moral de todos os envolvidos.

FEB editora
Livro espírita para um novo mundo
www.febeditora.com.br
@febeditoraoficial
@febeditora

Conselho Editorial:
Carlos Roberto Campetti
Cirne Ferreira de Araújo
Evandro Noleto Bezerra
Geraldo Campetti Sobrinho – Coord. Editorial
Jorge Godinho Barreto Nery – Presidente
Maria de Lourdes Pereira de Oliveira
Miriam Lúcia Herrera Masotti Dusi

Produção Editorial:
Elizabete de Jesus Moreira

Revisão:
Wagna da Silva Carvalho

Capa, Projeto Gráfico e Diagramação:
César Oliveira

Foto de Capa:
Freepik.com

Normalização Técnica:
Biblioteca de Obras Raras e Documentos Patrimoniais do Livro

Esta edição foi impressa pela Gráfica e Editora Qualytá Ltda., Brasília, DF, com tiragem de 1 mil exemplares, todos em formato fechado de 155x230 mm e com mancha de 105x180 mm. Os papéis utilizados foram o Off white bulk 58 g/m² para o miolo e o Cartão 250 g/m² para a capa. O texto principal foi composto em fonte Adobe Garamond Pro 13/19 e os títulos em Baskerville Md Bt 23/20. Impresso no Brasil. *Presita en Brazilo.*